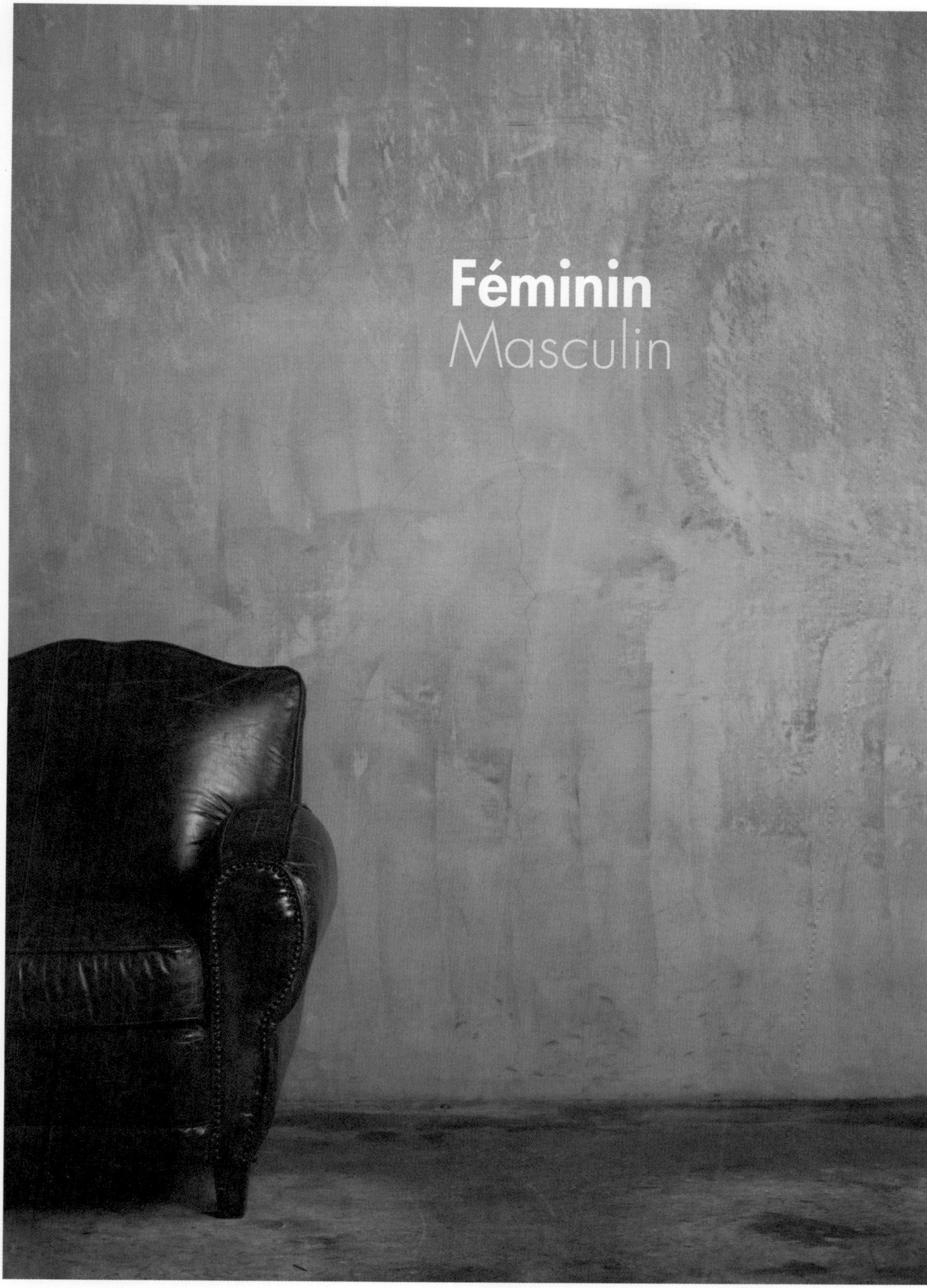
Féminin
Masculin

Avant-propos

La vie d'aujourd'hui nous amène à porter des vêtements pratiques, voire masculins. Toutes les grandes marques de prêt-à-porter se sont engouffrées dans ce créneau, après que le grand maître de la haute-couture, Yves Saint Laurent, ait féminisé le smoking. Profitons de cette tendance pour nous approprier tout ce que portent les hommes. Trouvez dans cet ouvrage des idées chippées aux hommes mais qui n'en restent pas moins féminines.

Sommaire

№01

Blouson « boule »

explications : p.040

№02
Robe dos nu
explications : p.044

№03

Minirobe

explications : p.048

Nº 04

T-shirt à épaulettes

explications : p.047

Nº05

Chemisier en velours

explications : p.050

№ 06

Blouse à géométrie variable

explications : p.052

№07

Veste en polaire

explications : p.054

№08

Sarouel

explications : p.056

Nº 09

Veste longue à rayures

explications : p.058

№10

Blouse ornée de pompons

explications : p.064

№11
Blouse à géométrie variable
explications : p.052

№12

Tunique drapée

explications : p.066

№13

Pantalon fuseau

explications : p.068

№ 14

Short évasé

explications : p.070

Nº15

Cardigan à basque

explications : p.072

№16

Cols-plastrons

explications : p.061 à 063

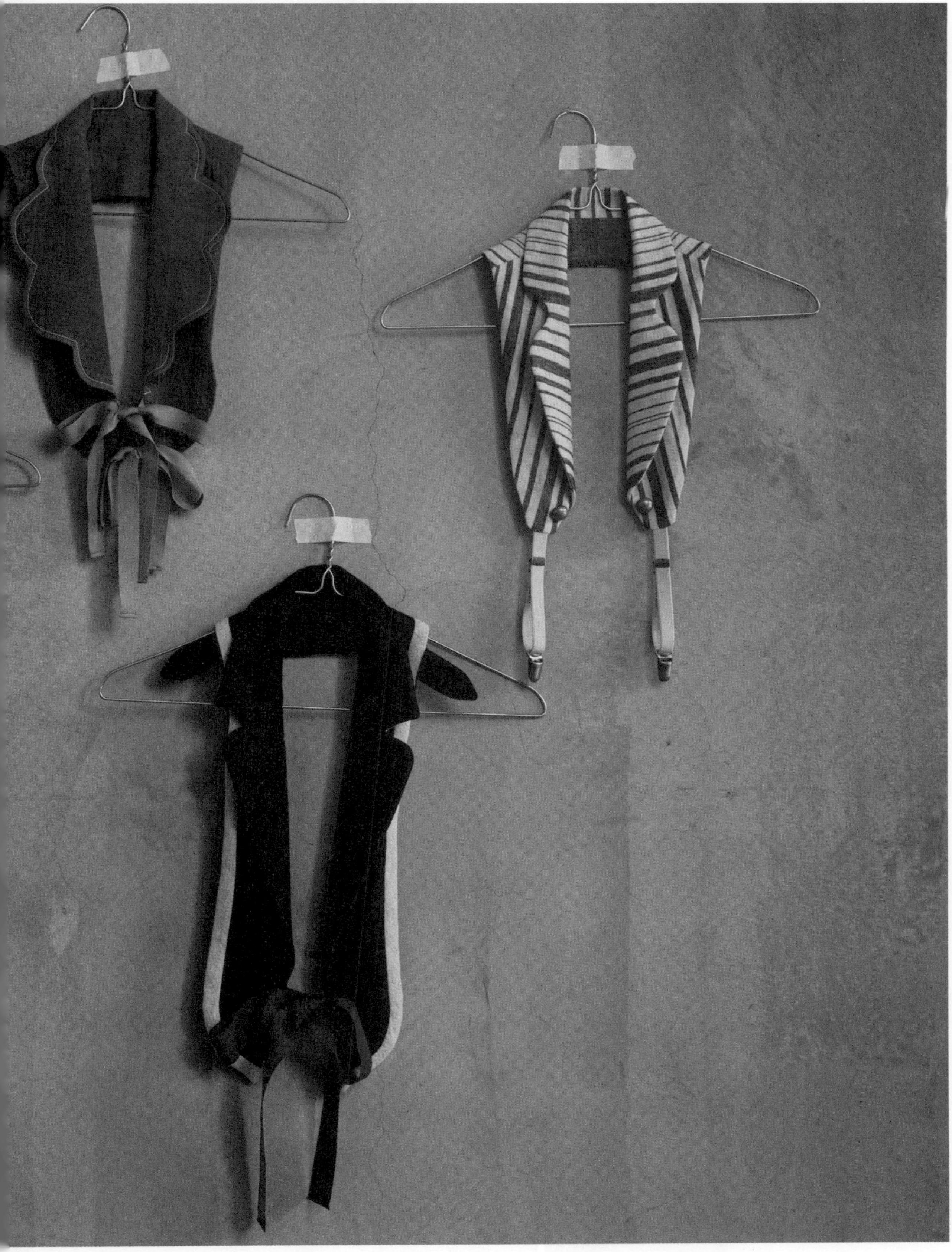

№16

№16

Nº 17

Chemisier froncé

explications : p.074

Nº18

Chemisier à pois

explications : p.076

№19
Short évasé
explications : p.070

№20

Echarpe-ceinture tricotée

explications : p.078

Explications

Le patron et la taille

Choix de la taille

Les patrons de tous les modèles de ce livre se trouvent dans l'encart. Les modèles existent en 2 tailles (S et M), ou en 4 tailles (S, M, L et XL). Choisir la taille à l'aide du tableau ci-contre.

Taille (La mesure est en cm.)

	Taille	S	M	L	XL
mesure en sous-vêtement	**Stature**	153	158	163	168
	Tour de poitrine	78	82	86	90
	Tour de taille	58	62	66	70
	Tour de hanches	86	90	94	98

Transfert d'un patron

Les patrons sont donnés sans marge de couture. Reporter le patron sur du papier de soie. Ajouter les marges de couture parallèles à la ligne de couture. Reporter également tous les repères. Les repères sont très importants pour l'assemblage des pièces ou la réalisation des pinces.

Les tissus

Les modèles de ce livre sont confectionnés en plusieurs matières :
tissus naturels (photo 1 / batiste de coton, photo 2 / lin, photo 3 / tweed épais)
tissus élastiqués (photo 4 / velours côtelé élastiqué, photo 5 / polaire)
tissus en mailles élastiqués (photo 6 / jersey, photo 7 / Interlock, photo 8 / jersey côtelé)
La meilleure façon de travailler chaque matière est présentée dans ce livre. Il n'est pas difficile de coudre avec ces différentes matières à condition de respecter quelques règles.

Manipulation d' un tissu

Le tissu naturel est facile à travailler (page 33, photos 1 à 3). La technique de couture est différente lorsqu' il s' agit d' un tissu élastiqué (page 33, photos 4 et 5) ou un tissu en mailles (page 33, photos 6 à 8). Changer de fil, d' aiguille et de technique d' assemblage selon la nature du tissu. La technique de base pour le traitement d' un tissu naturel ou d' un tissu élastiqué est présentée dans ce chapitre.

Prélavage

Les tissus de coton, de lin et de laine ont tendance à rétrécir au contact de la vapeur d' un fer à repasser ou de l' eau. Même neuf, le tissu peut être un peu déformé. Il est important de le prélaver avant de le couper.

Pour un tissu tissé, enlever quelques fils de trame et couper le bord bien droit (photo 1). Si les fils de trame ne s' enlèvent pas, couper le bord en suivant le fil de tissage.
Laisser tremper le tissu de coton dans l' eau pendant 2 à 3 heures. L' essorer légèrement puis le faire sécher à l' ombre.
Cranter les lisières (photo 2) qui rétrécissent souvent au contact de l' eau. Etirer le tissu en biais (photo 3) puis le repasser encore humide.
Repasser le tissu de laine à l' aide du fer à vapeur.

Pour le tissu en mailles, couper le bord droit. Cranter les lisières si elles ont rétréci (photo 4). Repasser légèrement à l' aide du fer à vapeur. L' étirer pour que les mailles soient droites (photos 5 et 6).

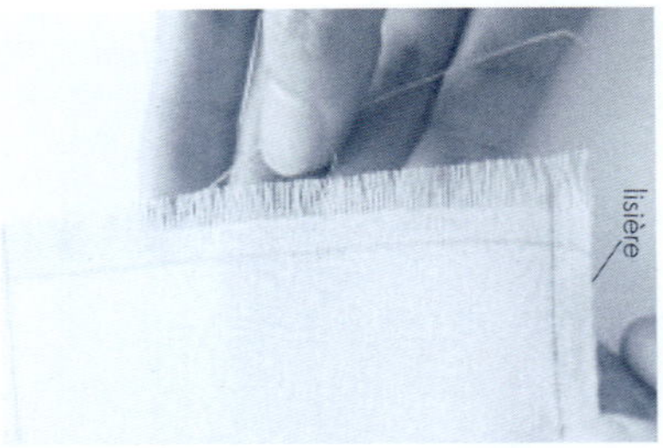

1

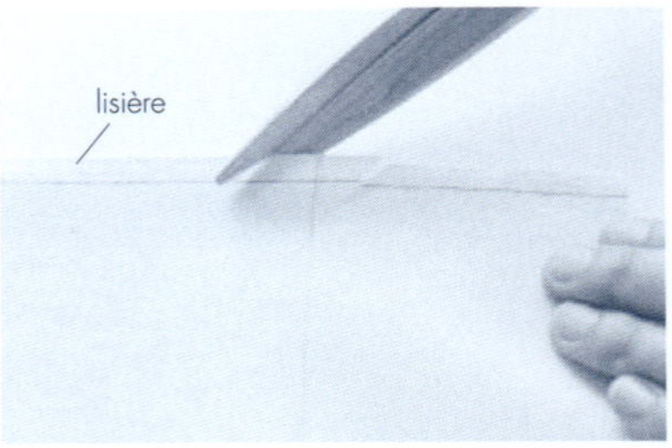

2

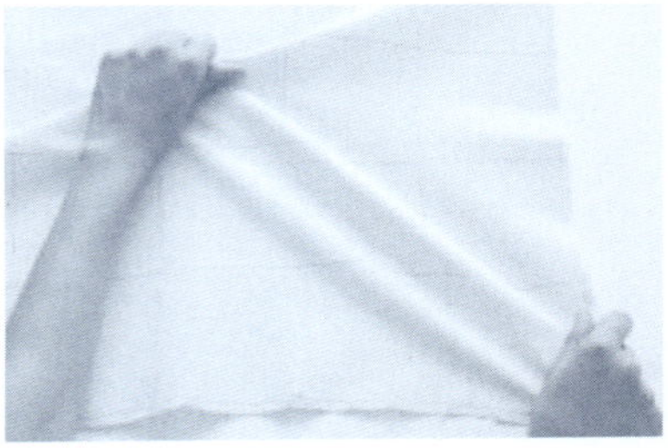
3

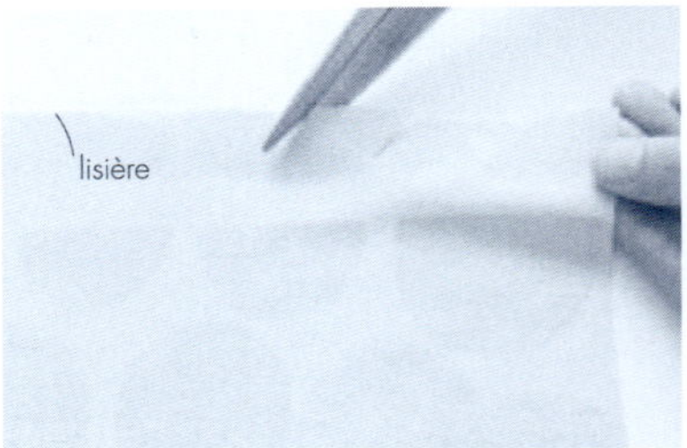

4

5

6

Coupe et repère

Plier le tissu en 2, envers contre envers. Poser le patron sur le tissu et le maintenir avec des poids. Tracer les lignes de couture à la craie (photo 7). Ne pas couper le tissu épais en superposition pour éviter le décalage. En cas d'utilisation d'un tissu épais, couper le tissu supérieur puis l'autre pièce (photo 8). Faire une entaille de 3 mm sur la marge de couture pour marquer les repères sur les bords. Insérer du papier carbone entre 2 tissus et reporter les repères des emplacements des poches.

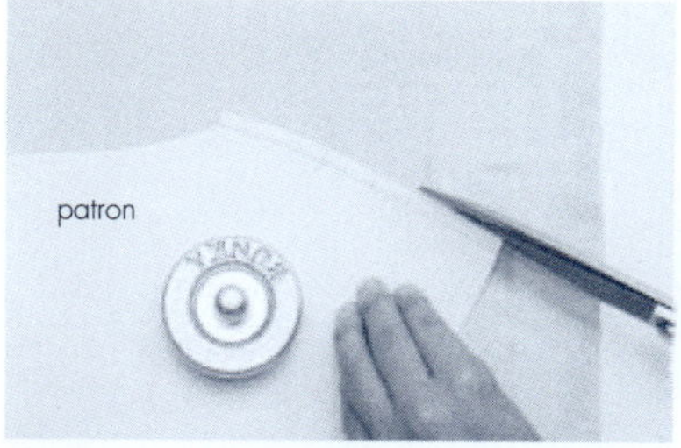

7

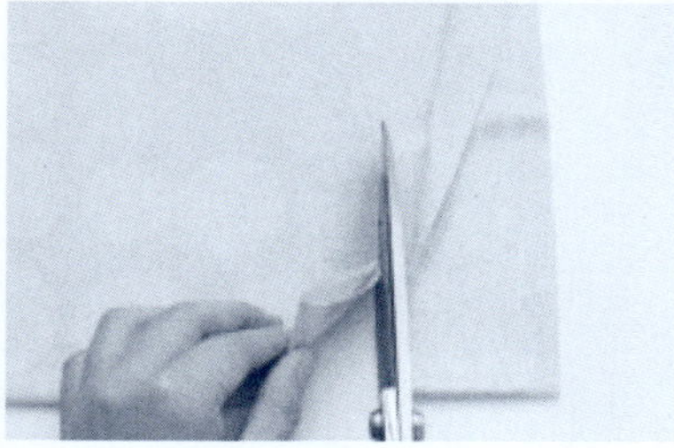

8

Bases de couture

Aiguille et fil

Tissu non élastiqué : Utiliser du fil n° 90 ou n° 60 et une aiguille n° 70 ou n° 80 pour un tissu fin comme la batiste de coton. Utiliser du fil n° 60 et une aiguille n° 80 pour un tissu d'épaisseur moyenne comme le lin. Utiliser du fil n° 30 et une aiguille n° 90 pour un tissu épais comme le tweed.

Tissu élastiqué : Utiliser une aiguille spéciale jersey. Sa pointe est arrondie, elle écarte les mailles au lieu de piquer dans les fils. Utiliser du fil élastiqué comme du fil mousse. Ne pas utiliser de fil à coudre ordinaire. Il n'est pas compatible avec l'élasticité du tissu et peut se casser très facilement (photo 9).

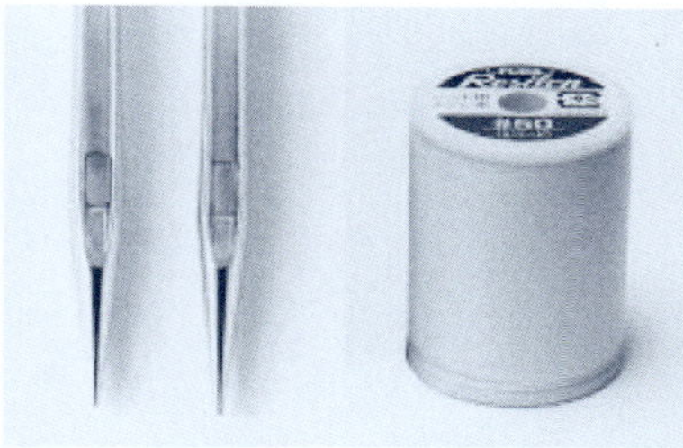

9

Machine à coudre et surjeteuse

Utiliser la machine à coudre pour confectionner les vêtements (photo 10). Les points droits et zigzag sont le plus souvent utilisés pour confectionner les vêtements. Le jersey fin peut rétrécir lorsqu'il est cousu au point zigzag. La surjeteuse est idéale pour coudre le tissu jersey et est utilisée dans la réalisation des modèles de ce livre. (photo 11).

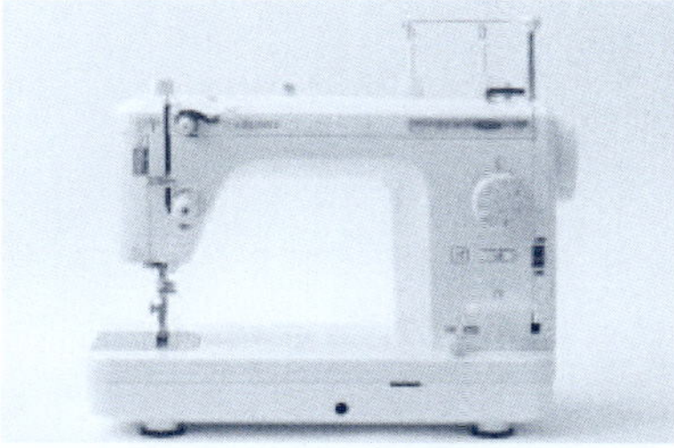

10

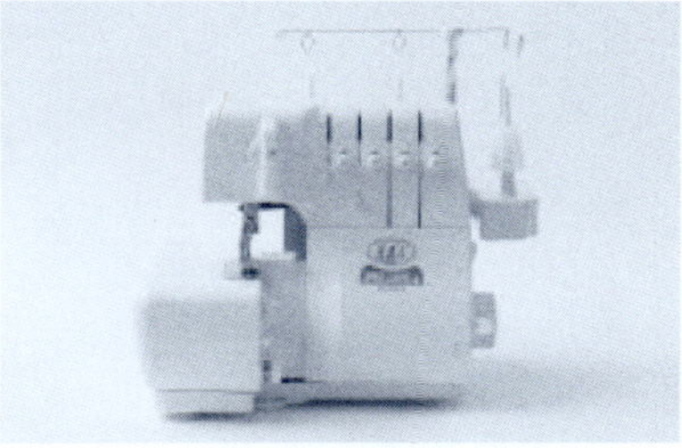

11

Coudre le tissu tissé non élastiqué

Assemblage des tissus

● La technique de l'assemblage

La technique est identique pour toutes les épaisseurs de tissu.
Il est facile de coudre le tissu tissé. Epingler 2 pièces de tissu, endroit contre endroit. Piquer sur la ligne de couture. Repasser après chaque étape.

● La marge de couture

Couper une partie de la marge de couture pour desépaissir le tissu pour un tissu épais (photos 1 à 3).
Repasser pour aplatir la marge de couture.

1

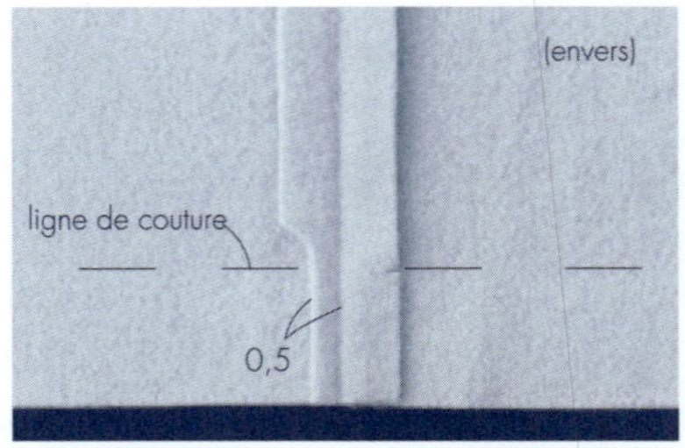

2

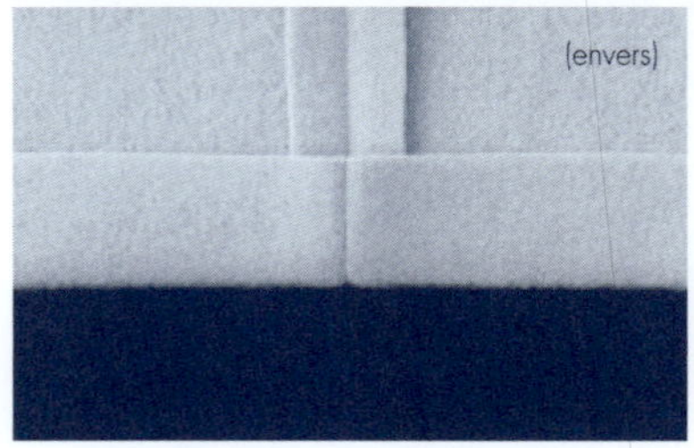

3

Finitions des bords

Il est facile de surfiler à la surjeteuse les bords d'un vêtement sans doublure (photos 4 et 5).
Le biais est idéal pour border (photos 6 à 8) un tissu épais ou qui s'effiloche facilement. Le biais préplié est pratique. Il est plus long à coudre mais le résultat est plus propre et plus résistant (voir page 45).

4

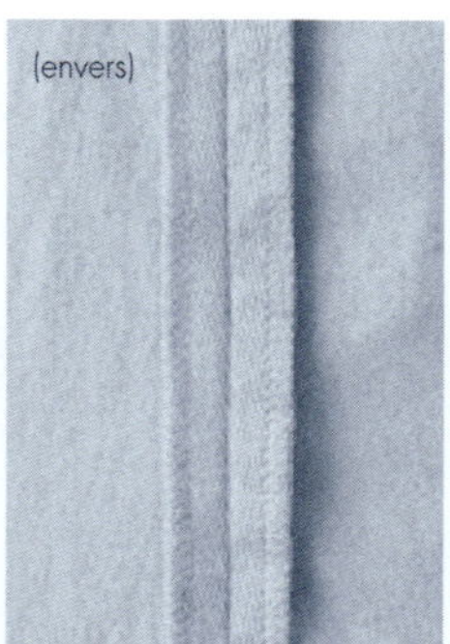

5

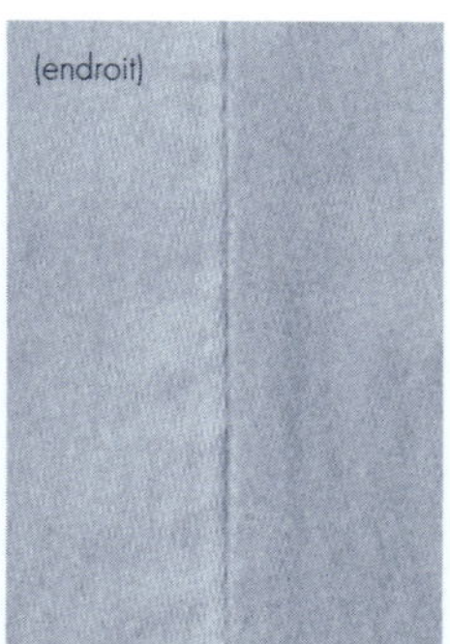

6

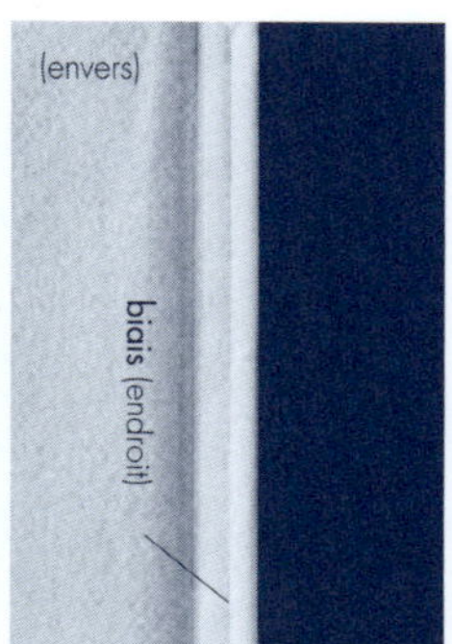

7

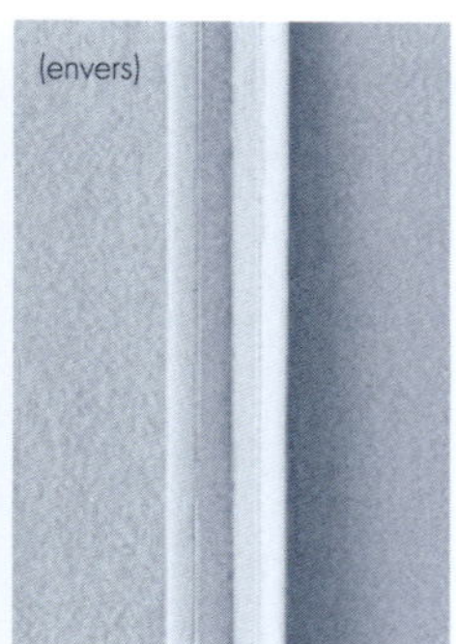

8

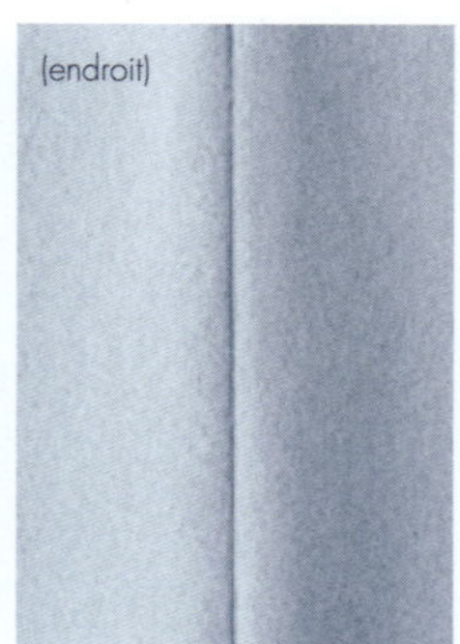

Finitions des angles arrondis

● Tissu épais

Couper les marges de couture des pièces, l'une à 0,3 cm et l'autre à 0,7 cm de la couture. Ouvrir la couture au fer (photos 1 et 2). Cranter la marge de couture des parties arrondies. Retourner sur l'endroit (photos 3 et 4).

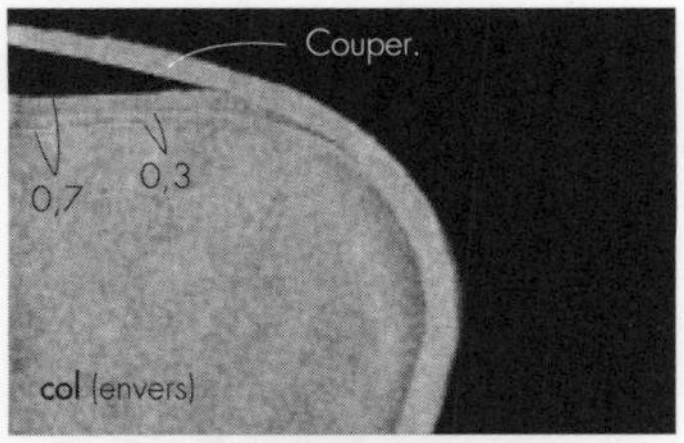

1

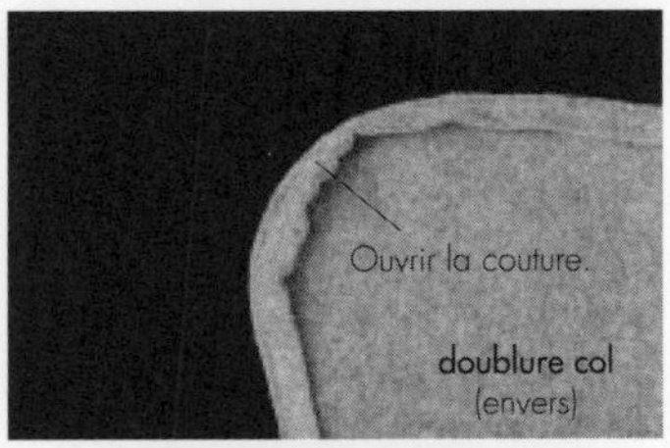

2

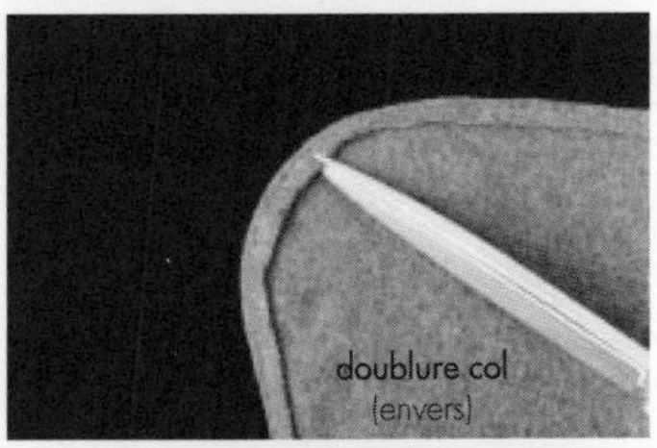

3

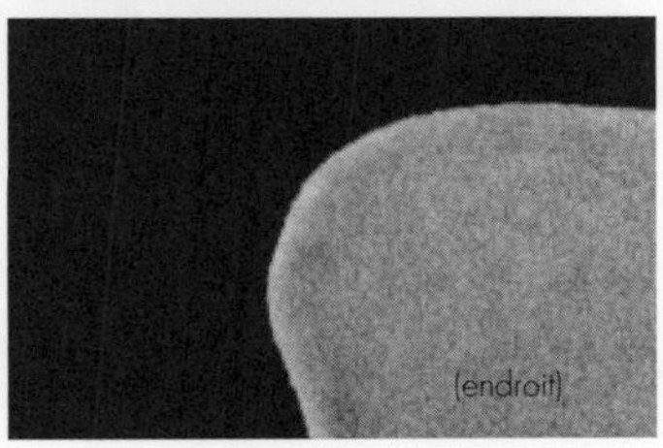

4

● Tissu fin

Cranter la marge de couture des parties arrondies (photo 5). La rabattre à l'aide du fer à repasser (photo 6). Si le tissu est transparent, couper le surplus de la marge de couture puis retourner sur l'endroit (photos 7 à 9).

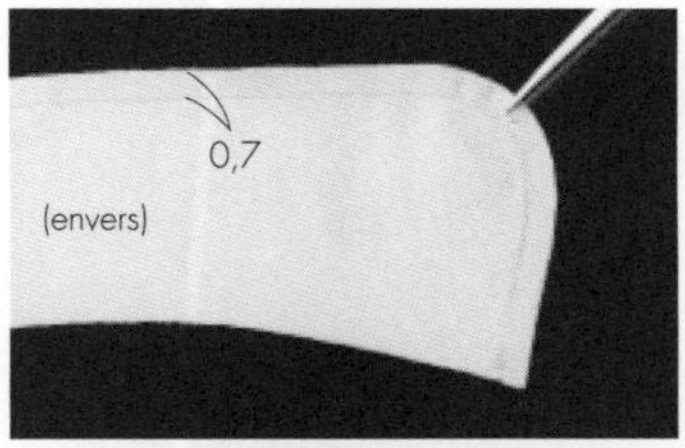

5

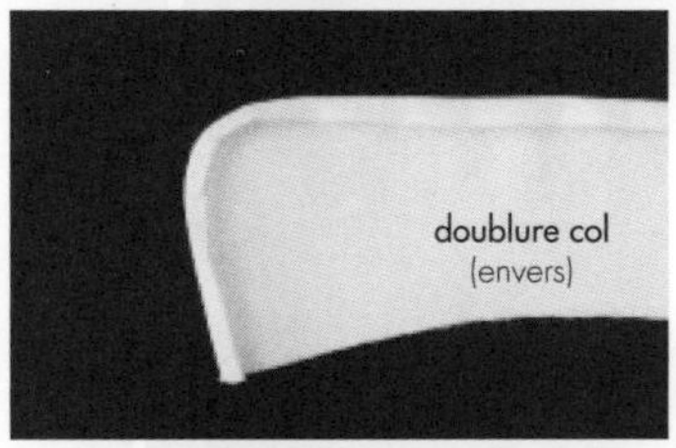

6

7

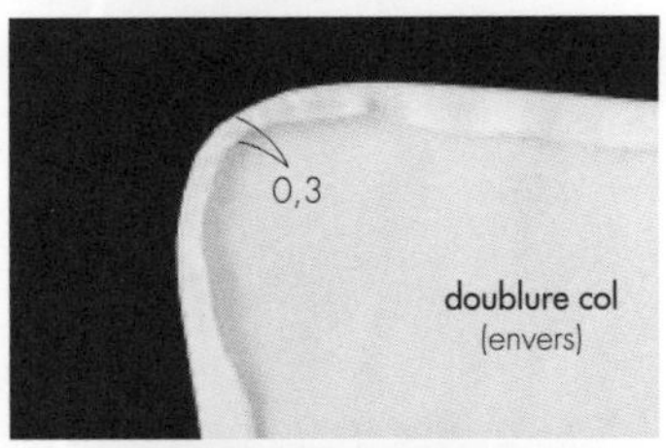

8

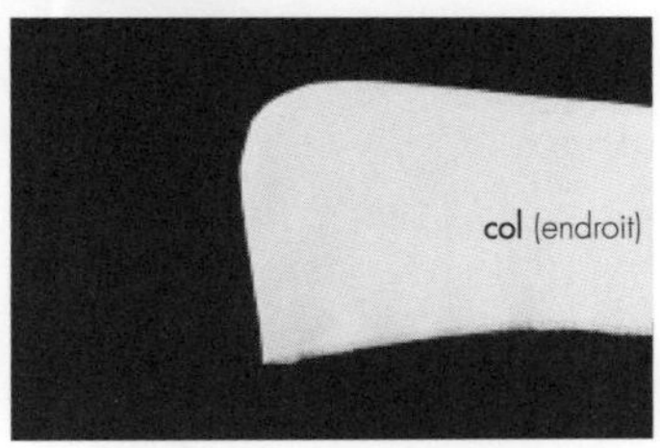

9

Coudre le tissu élastiqué

Assemblage des tissus

Utiliser du fil et une aiguille adaptés au tissu élastiqué (voir page 35). Il se coud comme un tissu non élastiqué. L'élasticité est plus grande pour le tissu en mailles. Piquer en étirant le tissu. Surfiler les 2 marges de couture ensemble avec la surjeteuse et les rabattre sur un côté (photos 1 et 2). Coller du ruban thermocollant sur les épaules pour éviter l'étirement excessif. (photos 3 et 4).

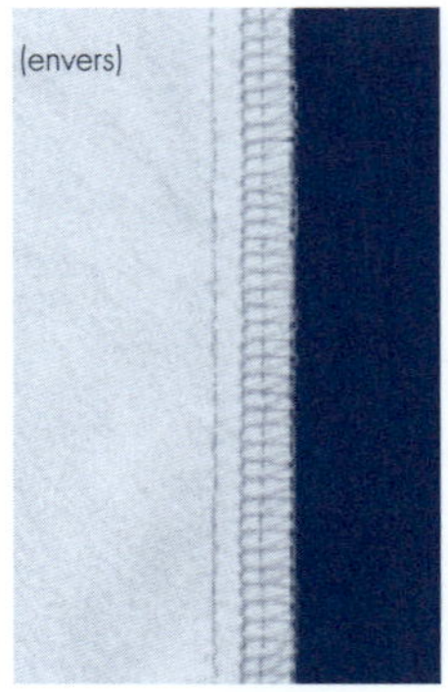

1

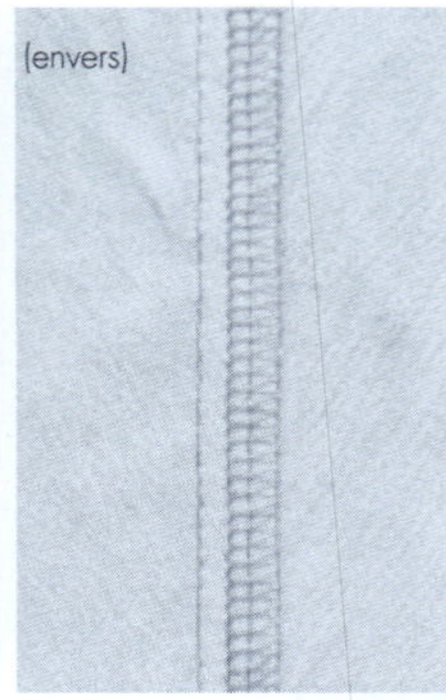

2

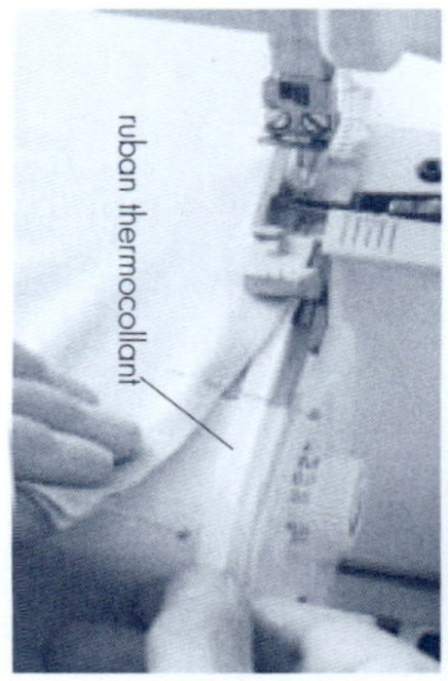

3

4

ruban thermocollant

Finitions des bords

Il est conseillé d'utiliser la surjeteuse pour surfiler les bords du tissu jersey. Ne pas étirer le tissu (photo 5) lors du surfilage pour éviter que les points soient trop petits.

● **Plier en 2.**

Plier le tissu en 2 et piquer les 2 épaisseurs à la surjeteuse (photos 6 à 8). L'aspect du point est identique à celui d'un vêtement prêt-à-porter. Si le tissu ondule, le repasser avec un fer à vapeur (photos 9 à 11).

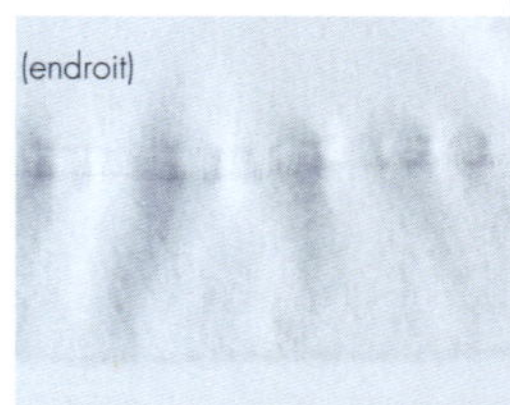

9

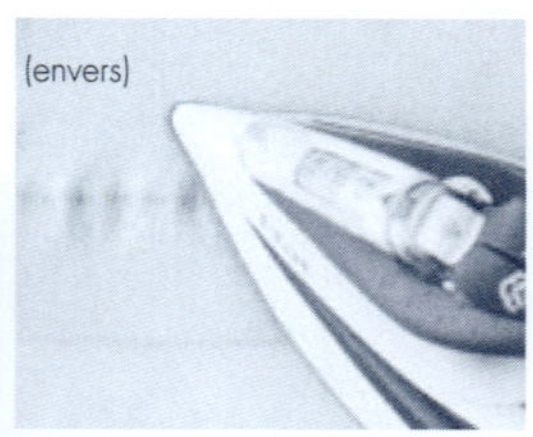

10

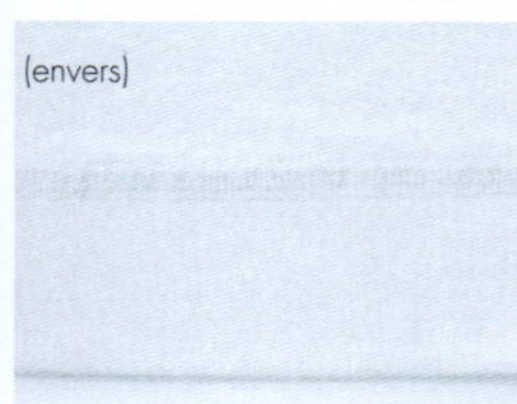

11

5

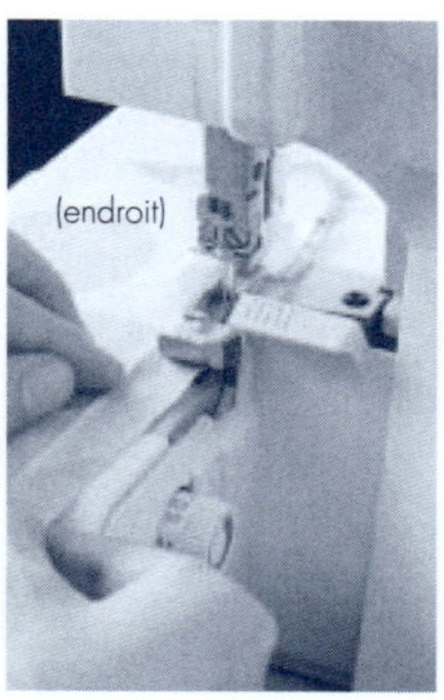

6

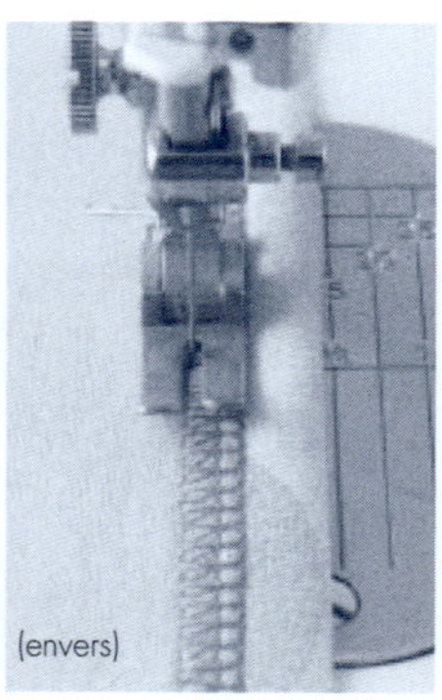

7

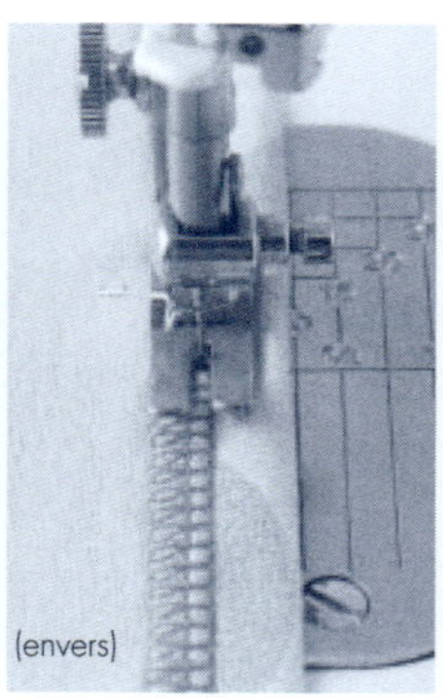

8

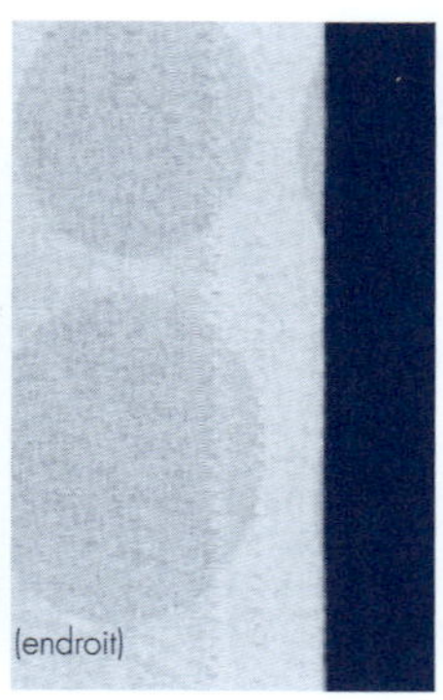

Poser un biais.

● Sans replier le biais sur l'envers du tissu

Superposer le biais, endroit contre endroit, sur le tissu et piquer sur la ligne de couture. Rabattre le biais sur l'envers du tissu. Surpiquer (photos 1 à 4).

※Calculer la largeur du biais : marge de couture x 3 + 0,2 cm. Surfiler un côté (photo 1).

● Avec le biais préplié

Couper le biais 4 fois plus large que la marge de couture. Plier les 2 bords. Superposer le biais plié, endroit contre endroit, sur le tissu. Piquer au ras de la ligne de couture. Replier le biais sur la ligne de couture. Surpiquer sur l'endroit (photos 5 et 6).

● Façon bordure

Plier une bande de tissu en 2 envers contre envers. Poser la pièce en double sur l'endroit d'un tissu. Piquer les 3 bords ensemble avec la surjeteuse (photo 7). Relever la bande et rabattre la marge de couture sur le tissu. Piquer au ras de la bande (photo 8).

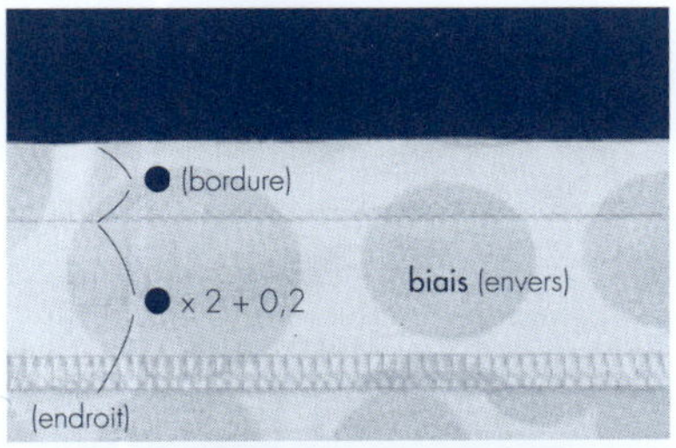

1

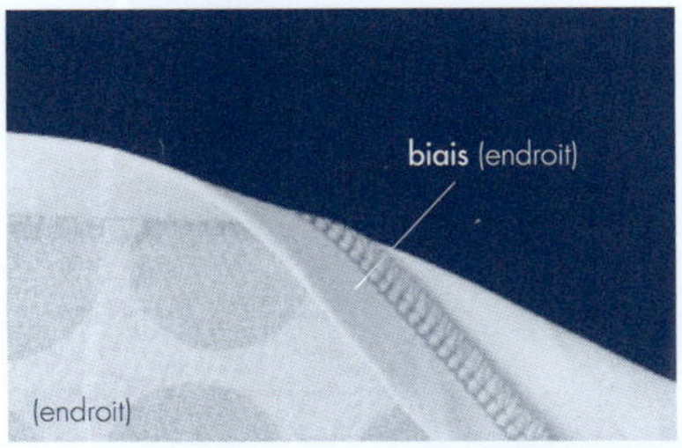

2

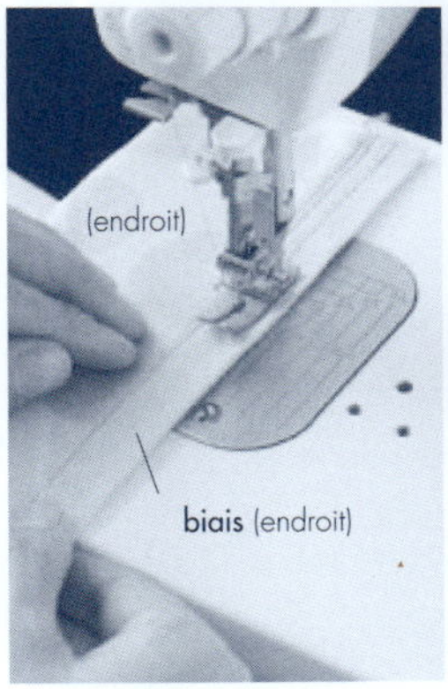

3

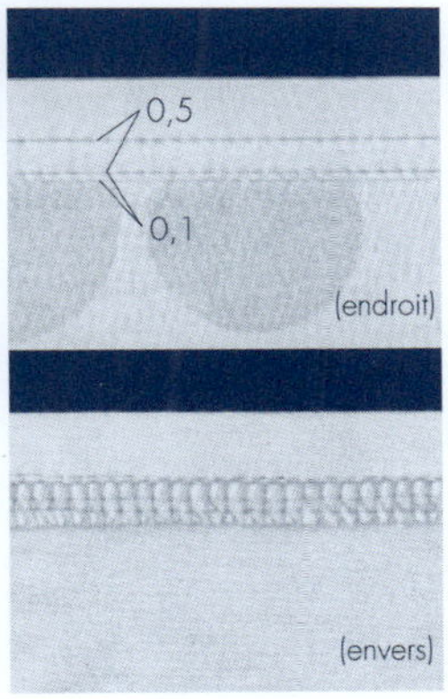

4

5

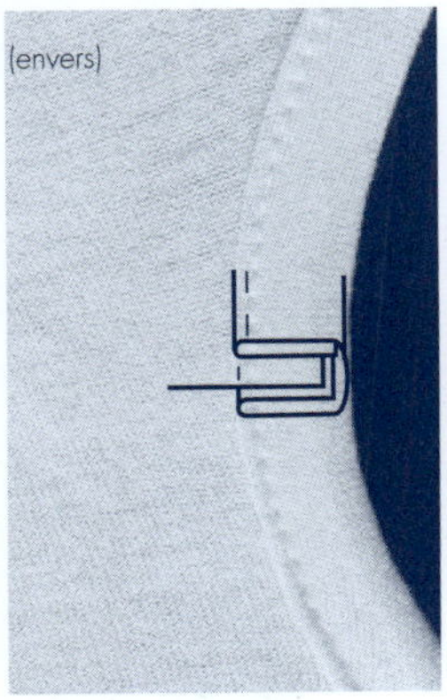

6

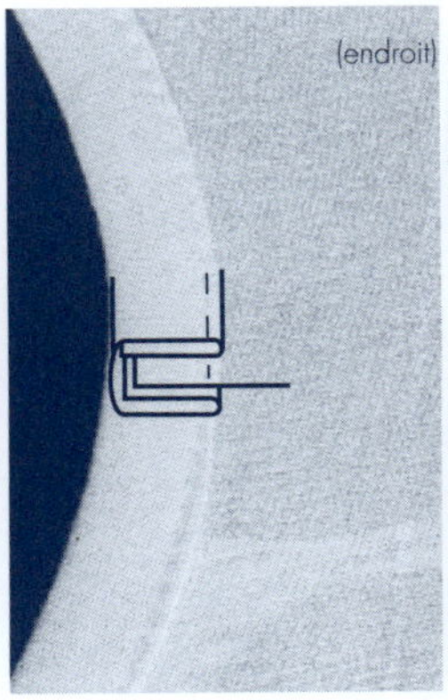

7

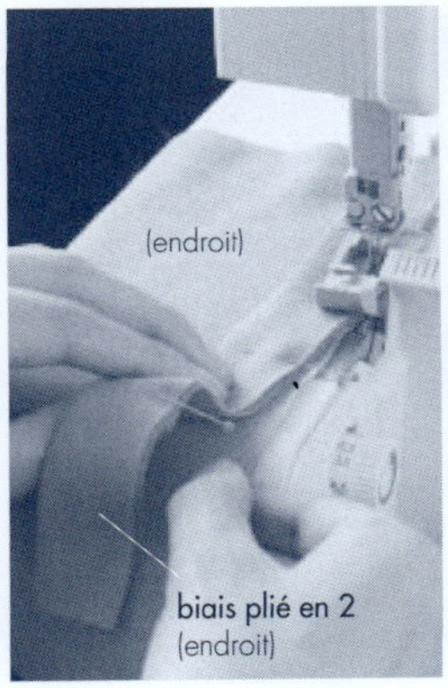

8

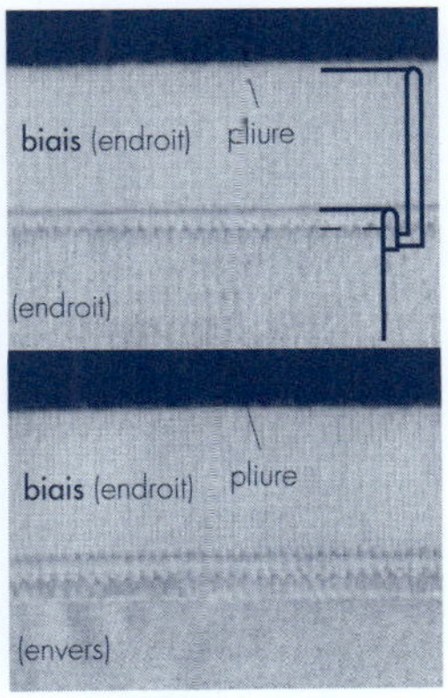

Nº01

Blouson « boule »

photo : page 3

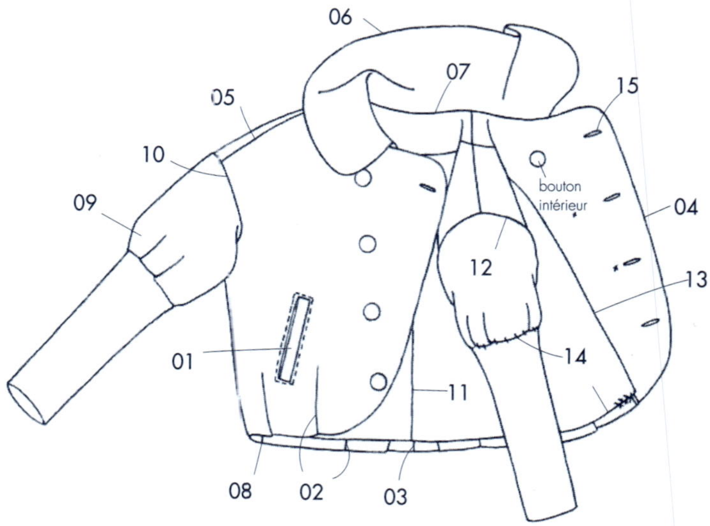

Patrons : Encart face A, n° 01

dos, devant, parementure devant, parementure dos, manche, bas manche, col, doublure col, doublure dos, doublure devant, doublure manche, passepoil, poche

Fournitures

Tissu a (tweed) :
150 x 190 cm (S, M), 150 x 210 cm (L, XL)
Tissu b (jersey) :
50 x 70 cm (S, M), 50 x 90 cm (L, XL)
Doublure a :
90 x 150 cm (S, M), 90 x 170 cm (L, XL)
Doublure b : 40 x 25 cm
Toile thermocollante : 90 x 110 cm
Ruban thermocollant de 1 cm de large
7 boutons de 2,5 cm de diamètre
1 bouton plat de 2,5 cm de diamètre

Réalisation ★ Voir schéma.

01 Confectionner les poches passepoilées.★
02 Coudre les pinces du bas sur la marge de couture.★
03 Piquer le milieu dos et ouvrir la couture.
04 Coudre la parementure devant au bord devant.★
05 Piquer les épaules du blouson et celles de la parementure. Ouvrir la couture.
06 Confectionner le col.★
07 Assembler le col et le corps.★
08 Coudre les côtés et ouvrir la couture.
09 Confectionner les manches.★
10 Monter les manches au corps. Rabattre la marge de couture vers la manche.
11 Assembler la doublure: Piquer dans l'ordre ; le milieu dos, les épaules puis les côtés. Piquer le milieu dos et les côtés à 0,2 cm de la ligne de couture (voir encadré). Plier le bas sur 1 cm.★
12 Plier les pinces de la doublure manche et faufiler. Piquer le dessous de la manche (Plier à 0,2 cm de la couture. Voir encadré.). Les assembler à la doublure du corps. Rabattre la marge de couture vers la manche.
13 Superposer la doublure et la parementure, endroit contre endroit. Commencer à piquer à 1,5 cm du bas droit de la parementure, et s'arrêter à 1,5 cm du bas gauche.
14 Plier le bas du blouson en 2. L'ourler au point de chausson sur les marges de couture du côté et du milieu dos. Plier le bas de la doublure sur 1 cm. Le décaler du bas du blouson de 2 cm et ourler. Plier le bord de la doublure de la manche. L'ourler à la manche.★
15 Confectionner les boutonnières et coudre les boutons.★

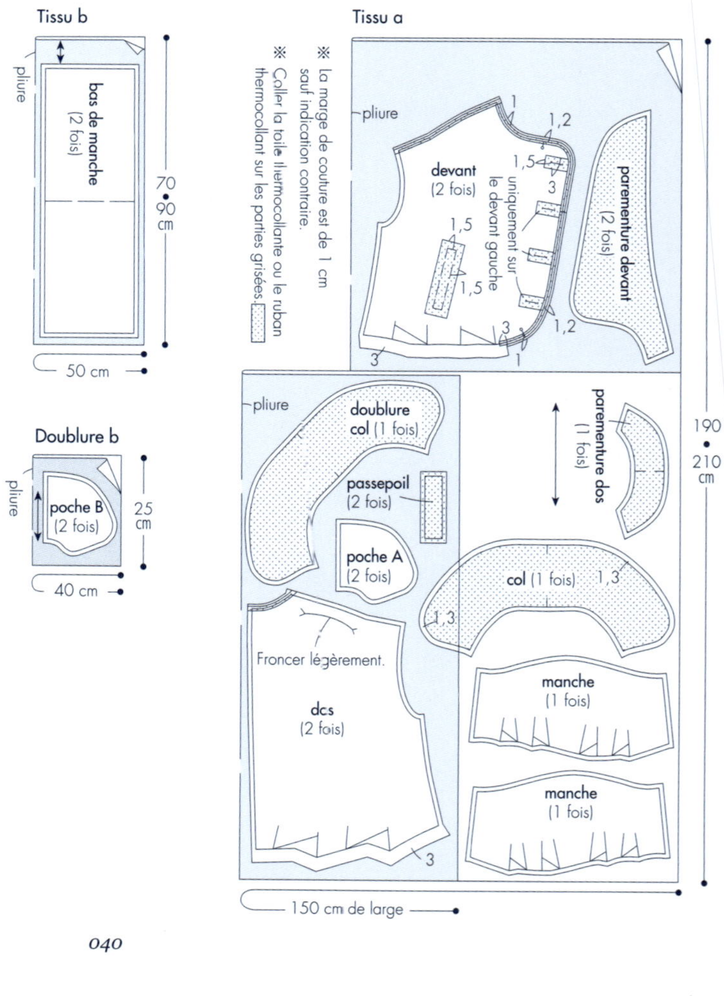

01 Confectionner les poches passepoilées.

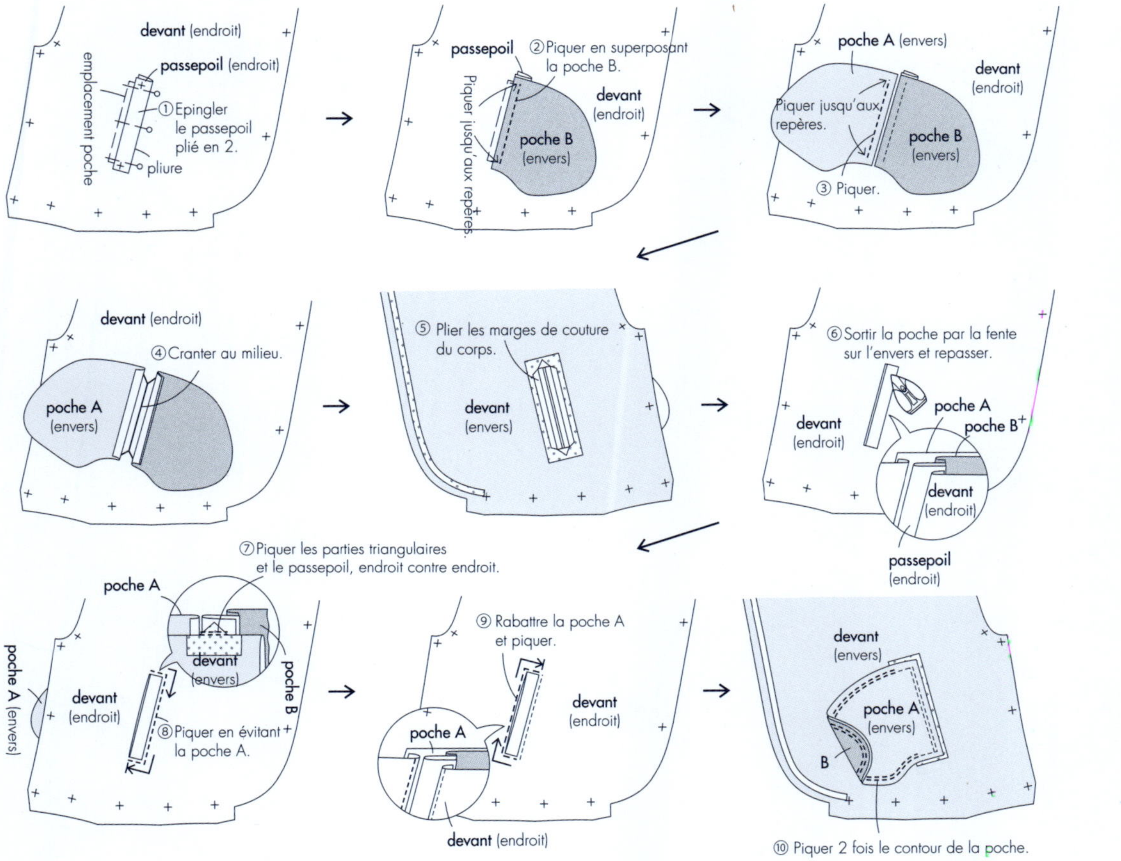

Doublure a

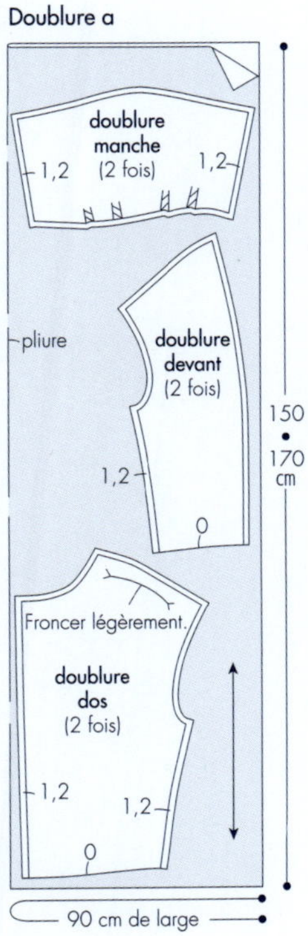

02 Coudre les pinces du bas.

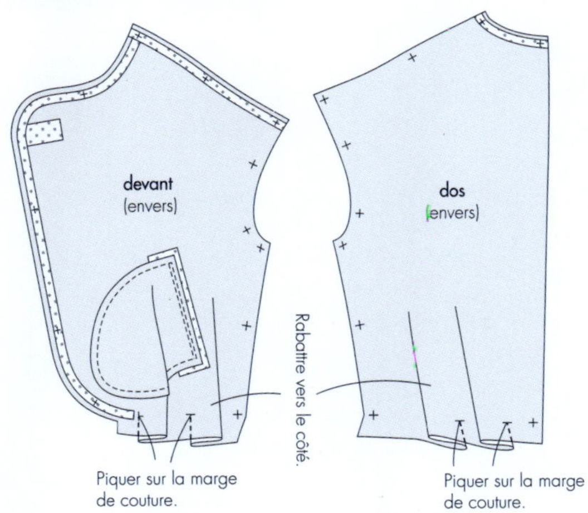

04 Coudre la parementure devant au bord devant.

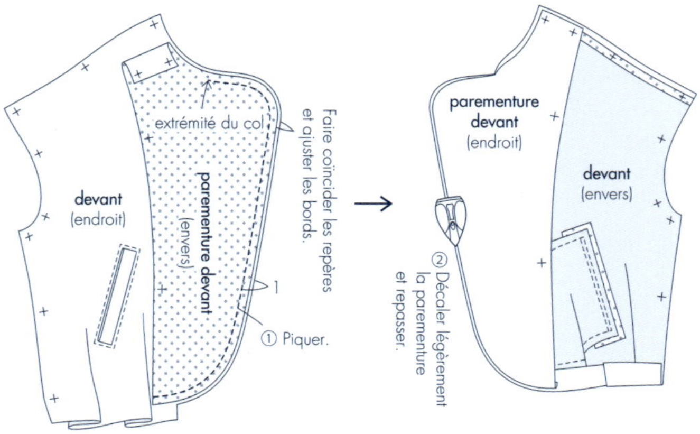

06 Confectionner le col.

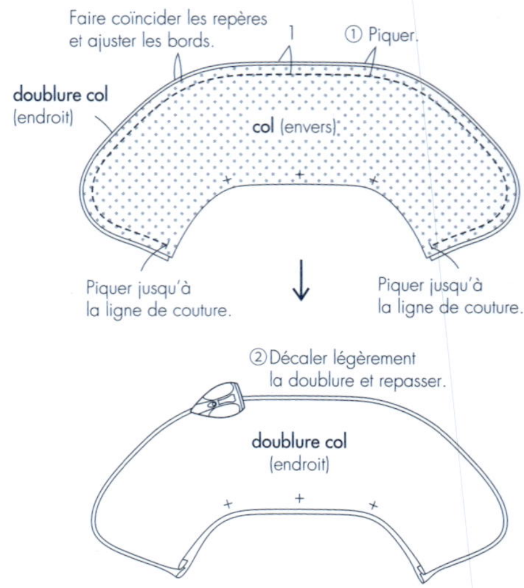

07 Assembler le col et le corps.

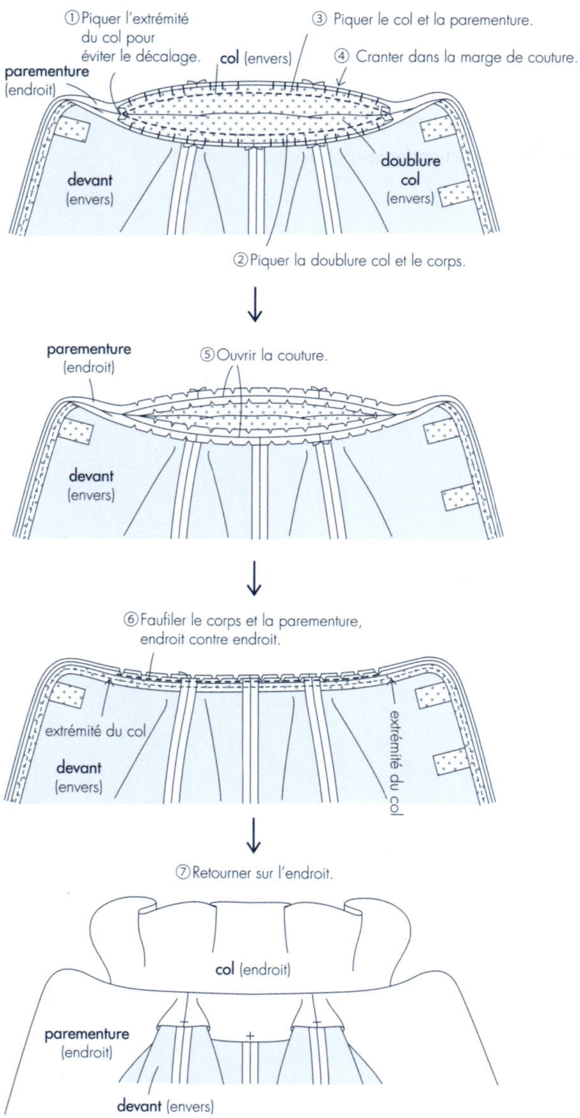

09 Confectionner les manches.

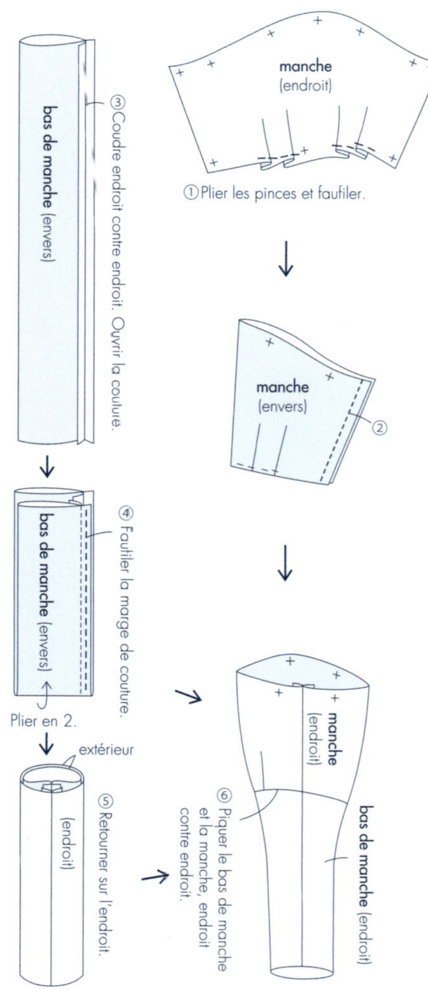

11 Assembler la doublure.

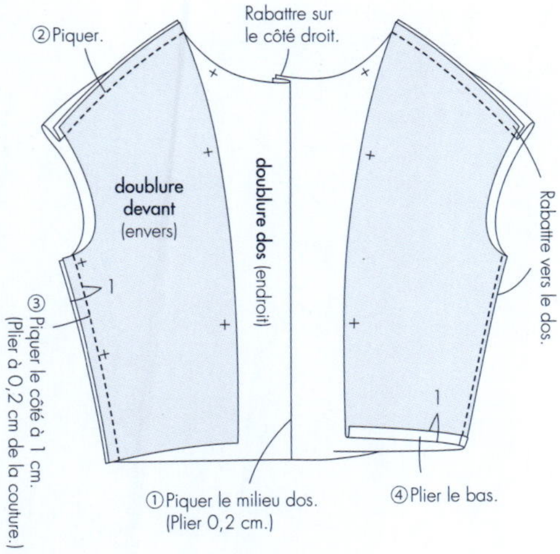

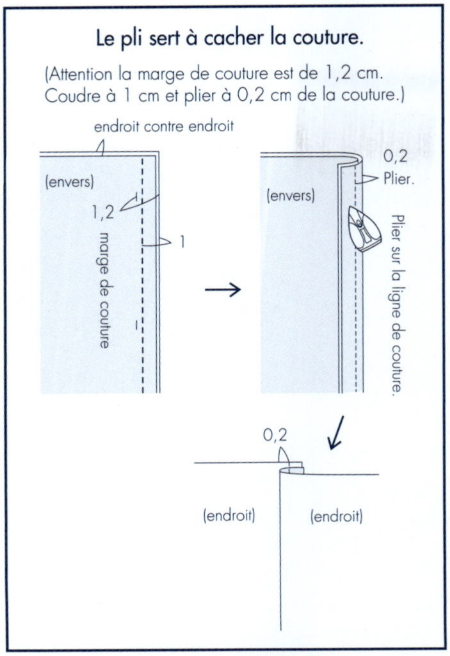

14 Plier le bas.

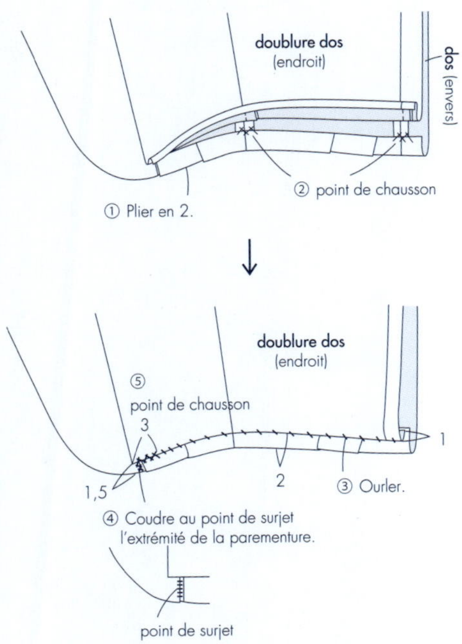

15 Confectionner les boutonnières et coudre les boutons.

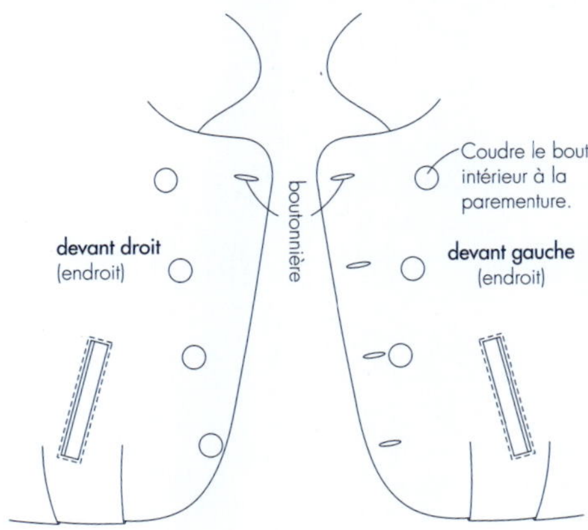

Nº02

Robe dos nu

Photo : page 4

Patrons : Encart face A, n° 02

devant, jupe devant, jupe côté, jupe dos, empiècement dos, parementure devant, passant, doublure jupe devant, doublure jupe dos

Fournitures

Tissu a (jersey) :
150 x 120 cm (S, M), 150 x 130 cm (L, XL)
Tissu b (jersey côtelé) : 60 x 60 cm
Doublure (jupe) : 90 x 60 cm
Toile thermocollante : 90 x 40 cm
Biais préplié de 1,2 cm de large

Réalisation ★Voir schéma.

01 Confectionner le devant.★
02 Piquer le milieu devant de la jupe. Réaliser la fausse braguette.★
03 Plier et coudre les rabats de la jupe côté.★
04 Piquer le milieu dos de la jupe, Réaliser la fente à pli couché.★
05 Assembler la jupe côté, la jupe devant et la jupe dos. Border les marges de couture sur 25 cm du bas avec le biais et les rabattre vers le milieu. Ouvrir la couture de la partie haute.
06 Plier le bas en 2 et border avec le biais.★
07 Assembler la jupe et les empiècements dos. Cranter la marge de couture de la jupe. Rabattre les 2 marges de couture vers la jupe.
08 Assembler les doublures de la jupe, la parementure devant et l'empiècement dos.★
09 Confectionner 6 passants.★
10 Superposer la jupe et la doublure, endroit contre endroit. Insérer le devant et les passants et piquer la taille. Retourner sur l'endroit. Coudre le bas des passants.

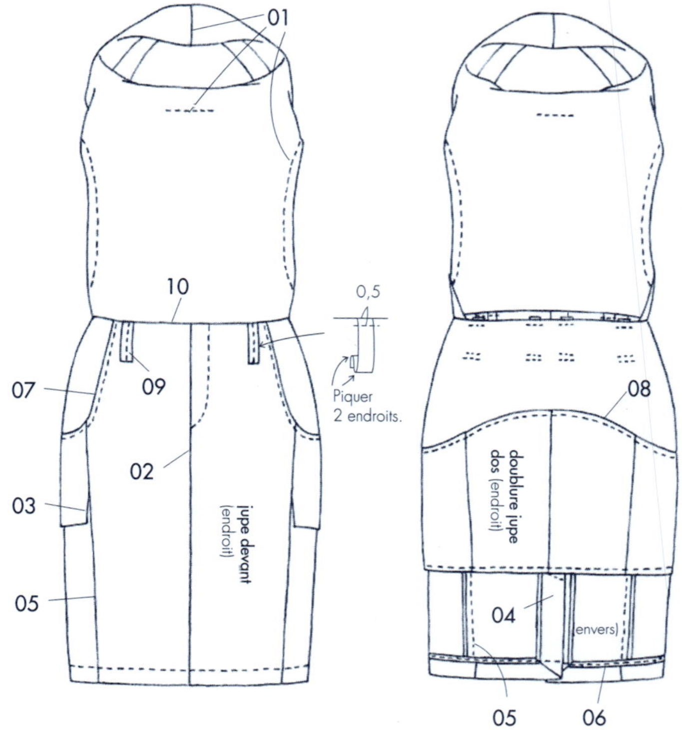

Tissu b

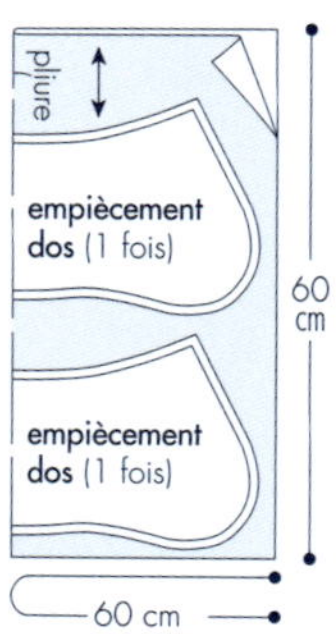

Tissu a

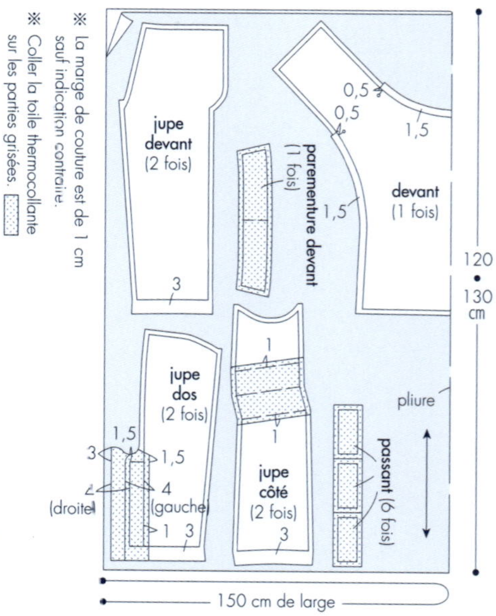

Doublure

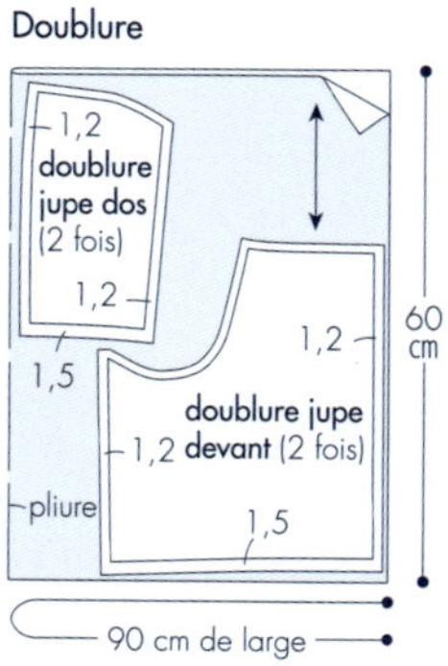

01 Confectionner le devant.

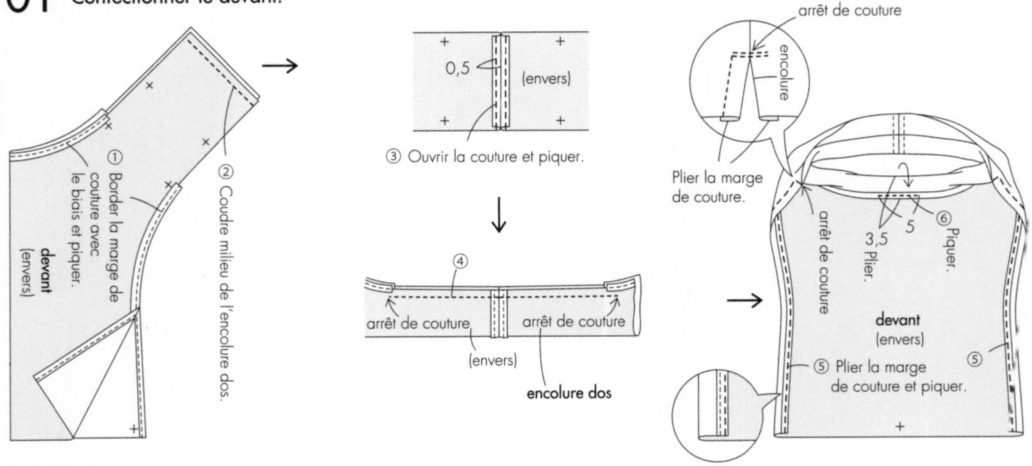

Border la marge de couture avec le biais.

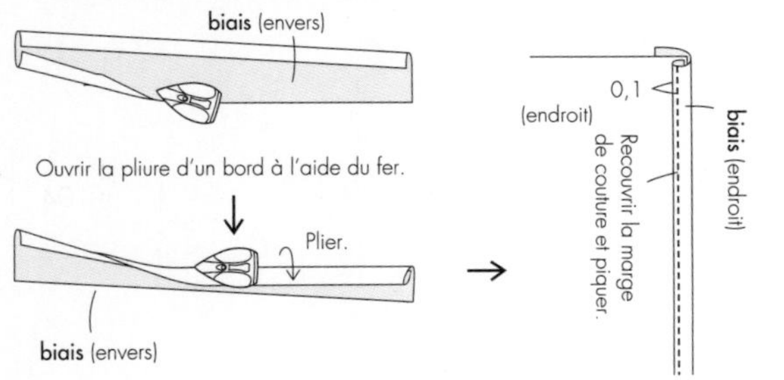

02 Piquer le milieu devant de la jupe.

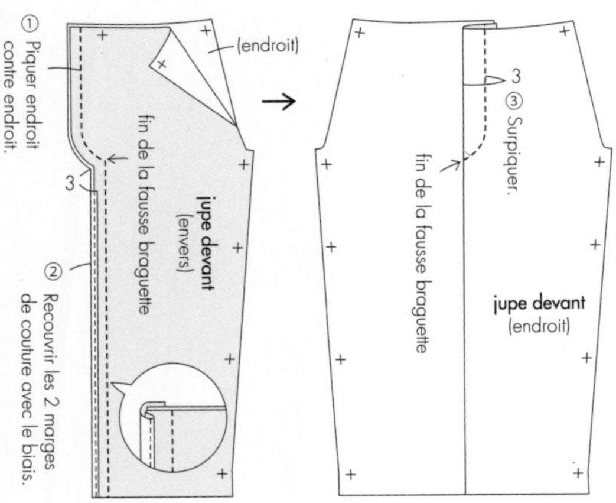

03 Plier et coudre les rabats de la jupe côté.

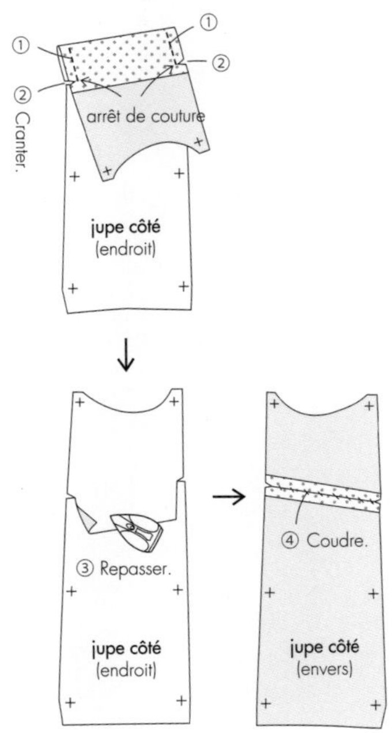

Nº02

04 Piquer le milieu dos de la jupe.

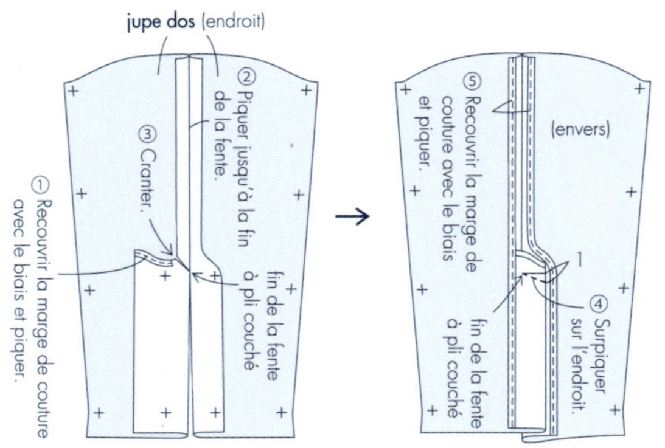

08 Assembler les doublures de la jupe.

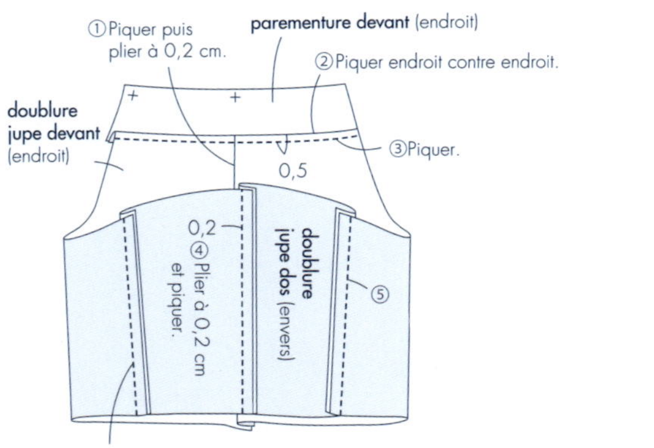

※Voir page 43 pour cacher la couture.

↓

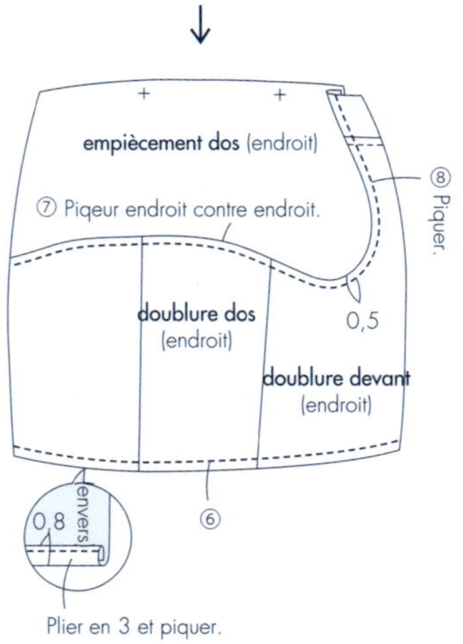

06 Plier le bas en 2 et border avec le biais.

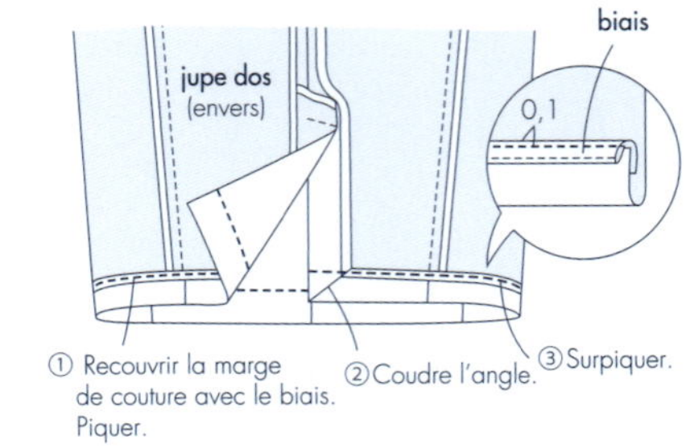

[Finition d'un angle.]

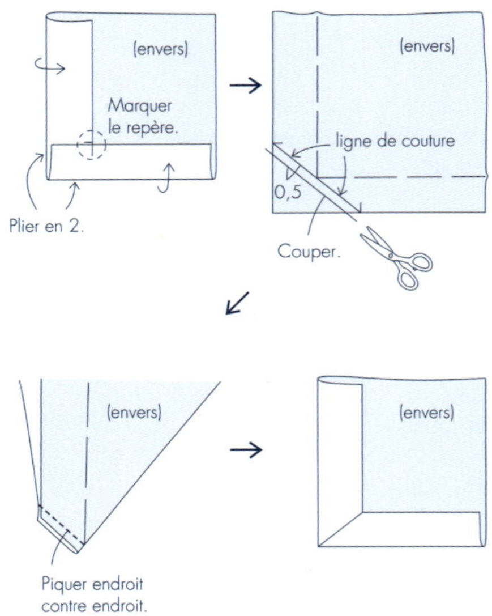

09 Confectionner 6 passants.

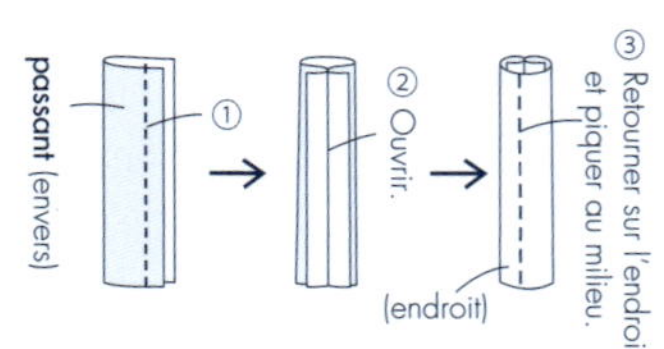

※Confectionner 6 fois.

№04

T-shirt à épaulettes

Photos : pages 6 et 7

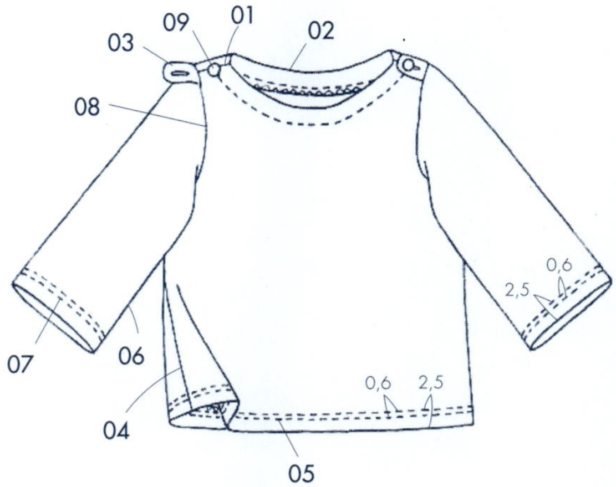

Patrons : Encart face B, n° 04

dos, devant, parementure dos, parementure devant, manche, épaulette

Fournitures

Tissu (jersey) :
160 x 100 cm (S, M), 160 x 110 cm (L, XL)
Toile thermocollante : 90 x 20 cm
2 boutons de 1,5 cm de diamètre
※Les modèles des pages 6 et 7 sont confectionnés avec la même matière.

Réalisation ★Voir schéma.

01 Coudre les épaules du corps et ceux des parementures. Surfiler les 2 marges de couture ensemble. Rabattre les marges du corps vers le dos, celles de la parementure vers le devant. Surfiler le bord extérieur de la parementure.
02 Coudre la parementure à l'encolure.★
03 Confectionner les épaulettes et les faufiler aux épaules.★
04 Coudre les côtés. Surfiler les 2 marges de couture ensemble et les rabattre vers le dos.
05 Surfiler le bas. Plier en 2 et piquer 2 lignes.
06 Piquer le dessous de la manche. Surfiler les 2 marges de couture ensemble et les rabattre vers l'arrière.
07 Surfiler les bords de la manche. Plier en 2 et piquer 2 lignes.
08 Monter les manches au corps. Surfiler les 2 marges de couture ensemble.
09 Coudre les boutons aux épaules.

Tissu

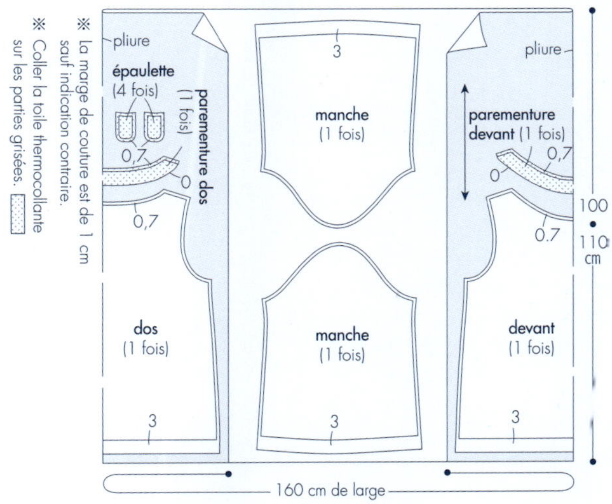

02 Coudre la parementure à l'encolure.

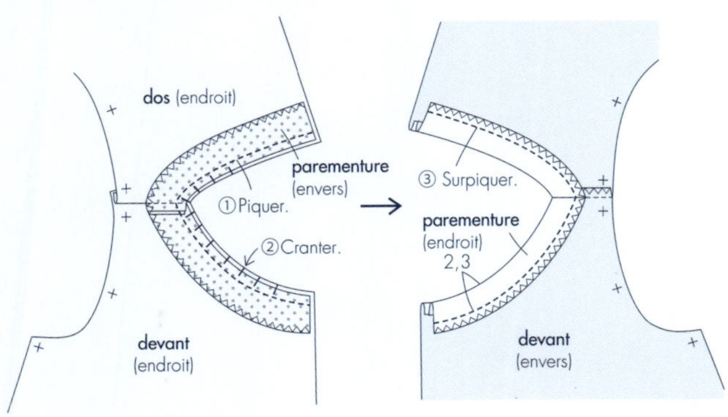

03 Confectionner les épaulettes.

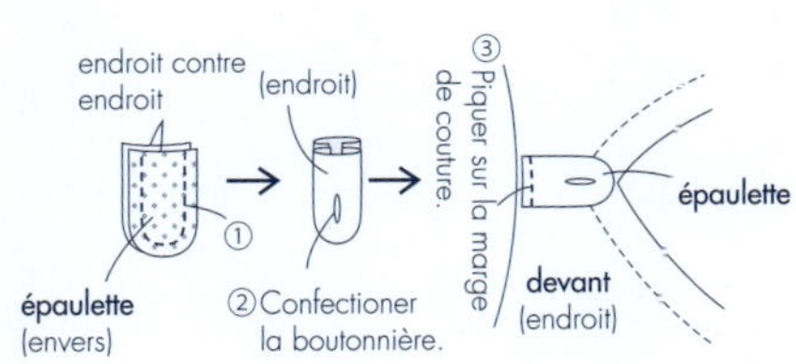

№03

Minirobe

Photo : page 5

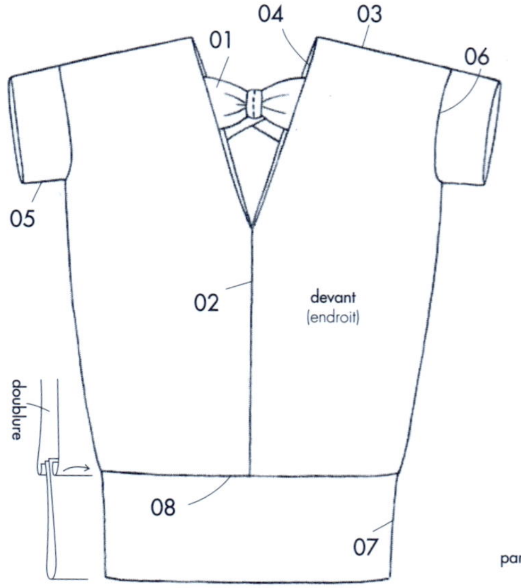

Patrons : Encart face A, n° 03

corps, doublure devant et dos, parementure encolure, manche, empiècement bas, nœud, bretelle

Fournitures

Tissu a (tissu de laine) :
150 x 100 cm (S, M), 150 x 110 cm (L, XL)
Tissu b (jersey) : 150 x 40 cm
Doublure (Interlock coton) : 90 x 150 cm
Toile thermocollante : 20 x 50 cm
Ruban thermocollant de 1 cm de large

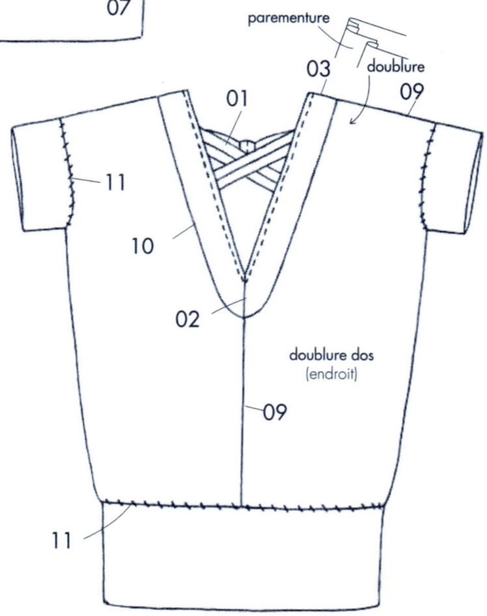

Réalisation ★Voir schéma.

01 Confectionner le nœud et les bretelles.★
02 Piquer le milieu devant et le milieu dos du corps et ceux des parementures. Ne pas coudre la marge de couture de l'encolure. Ouvrir la couture.
03 Piquer les épaules du corps et ceux de la parementure. Ouvrir la couture.
04 Réaliser la parementure de l'encolure. Superposer la parementure et le corps, endroit contre endroit. Insérer les bretelles et le nœud et piquer l'encolure.★
05 Confectionner les manches.★
06 Coudre les manches au corps. Rabattre la marge de couture vers le corps.
07 Piquer le côté de l'empiècement bas. Plier en 2, envers contre envers.
08 Faire coïncider les repères de l'empiècement bas et du corps. Piquer. Rabattre la marge de couture vers le corps.
09 Piquer le milieu devant, le milieu dos et les épaules de la doublure. Ouvrir la couture du milieu. Rabattre la couture des épaules vers le dos.
10 Coudre la doublure au bord extérieur de la parementure, endroit contre endroit. Cranter la marge de couture de la doublure et la rabattre vers la doublure.
11 Plier la marge de couture du bas et du bord de la manche. Ourler.

Tissu a

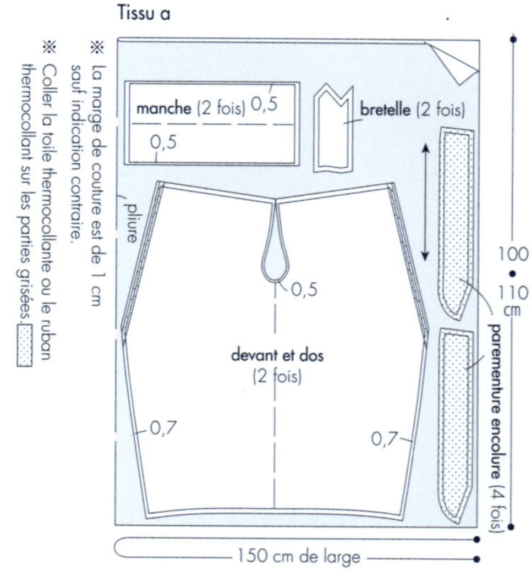

Tissu b

01 Confectionner le nœud et les bretelles.

Confectionner le nœud.

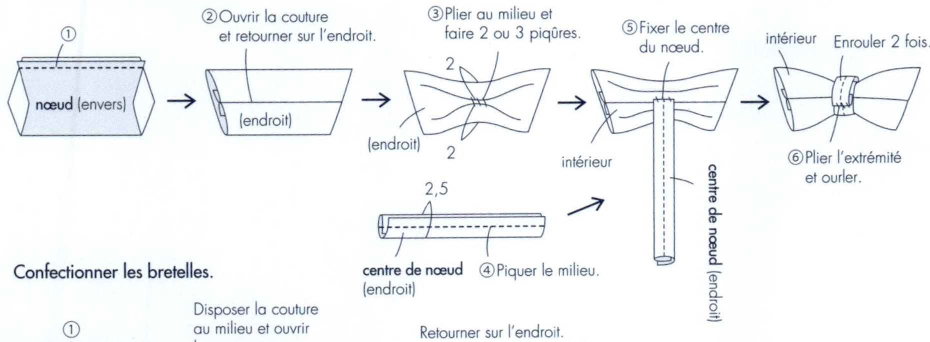

Confectionner les bretelles.

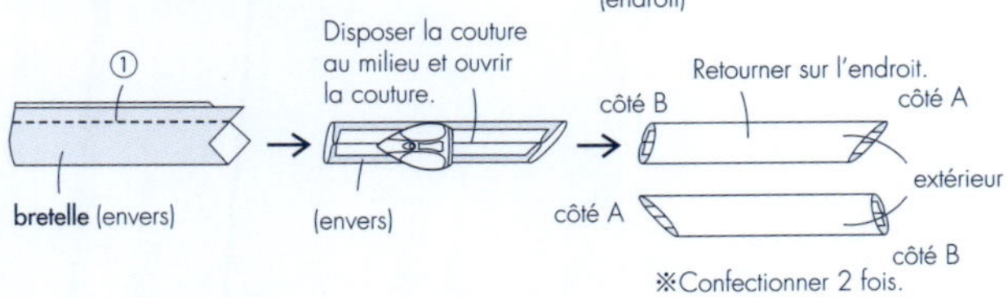

04 Réaliser la parementure de l'encolure.

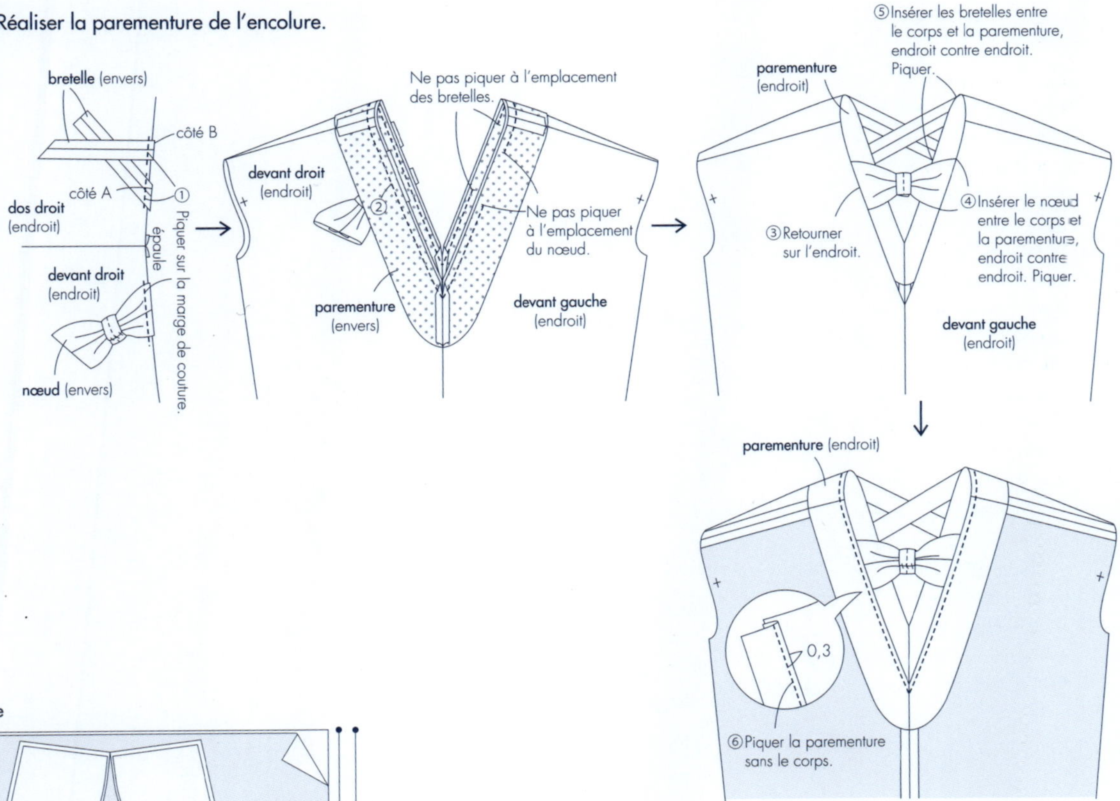

Doublure

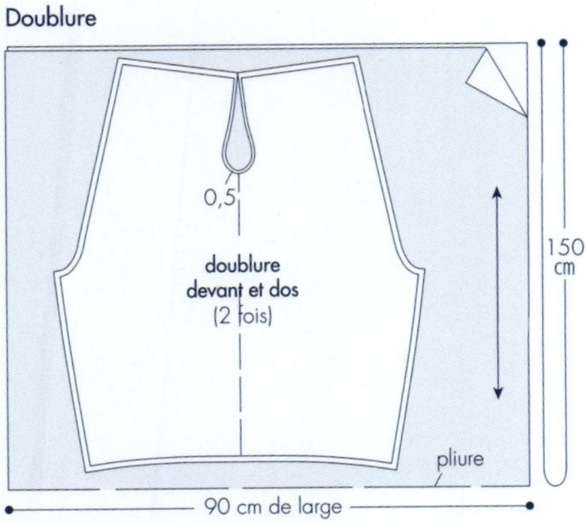

05 Confectionner les manches.

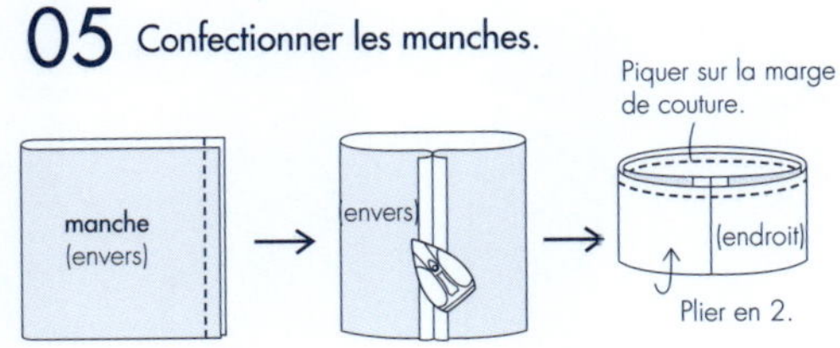

Nº 05

Chemisier en velours

Photos : pages 8 et 9

Patrons : Encart face B, n° 05

dos, devant, empiècement bas devant, empiècement bas dos, parementure dos, parementure devant, doublure dos, doublure devant

Fournitures

Tissu a (dentelle de velours) :
100 x 110 cm (S, M), 110 x 120 cm (L, XL)
Tissu b (velours) :
146 x 40 cm (S, M), 146 x 50 cm (L, XL)
Doublure jersey : 90 x 110 cm
Toile thermocollante : 90 x 30 cm
※Les tissus sont élastiques.

Réalisation ★Voir schéma.

01 Coudre les épaules et ouvrir la couture.
02 Coudre les épaules de la parementure et celles de la doublure. Ouvrir la couture de la parementure et rabattre celle de la doublure vers le dos.
03 Assembler la parementure et la doublure, endroit contre endroit. Cranter la marge de couture de la doublure et la rabattre vers la doublure. Surpiquer.★
04 Piquer l'encolure et la fente devant.★
05 Coudre les emmanchures. Coudre l'emmanchure devant et celle du dos séparément.★
06 Piquer les côtés et continuer à piquer la doublure. Ouvrir la couture.★
07 Coudre le côté de l'empiècement bas. Plier en 2, envers contre envers.
08 Assembler l'empiècement bas au corps, endroit contre endroit. Surfiler les 4 marges de couture ensemble. Les rabattre vers l'empiècement.

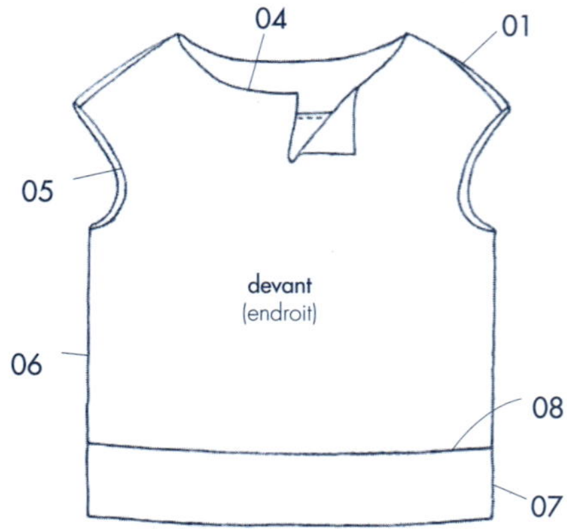

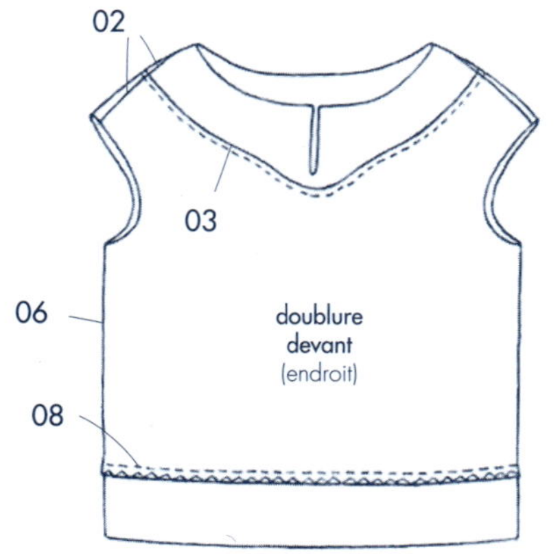

Tissu a

※ La marge de couture est de 1 cm.
※ Coller la toile thermocollante sur les parties grisées.

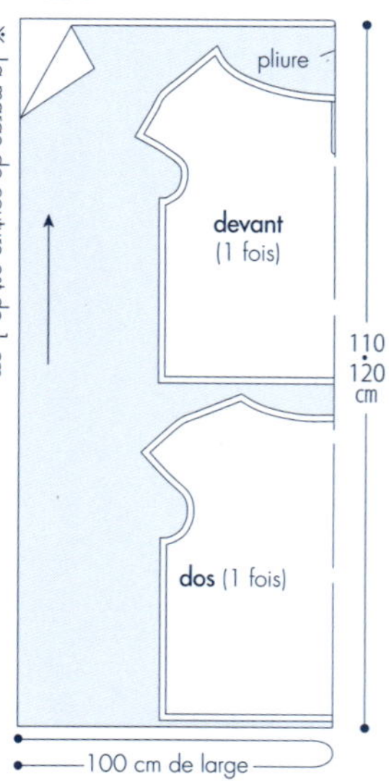

Doublure

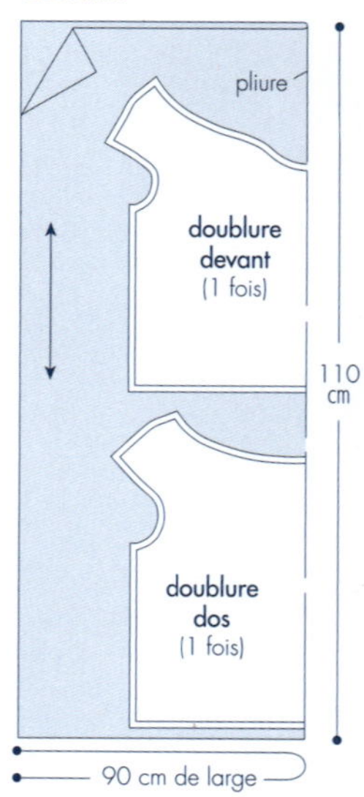

Tissu b

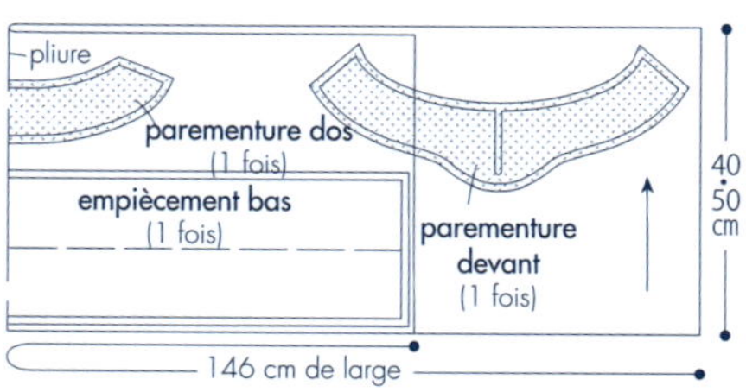

03 Assembler la parementure et la doublure.

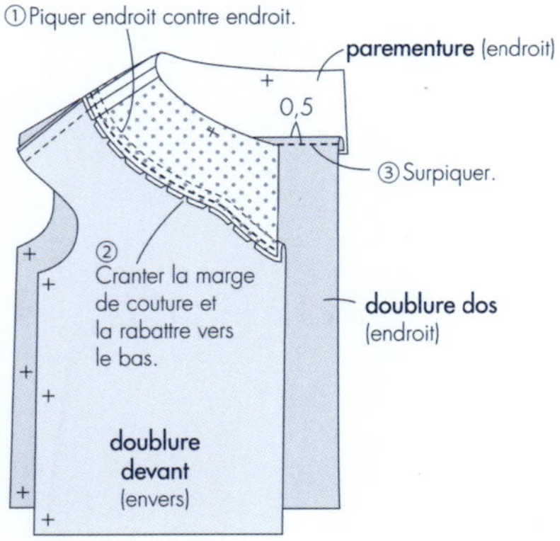

04 Piquer l'encolure et la fente devant.

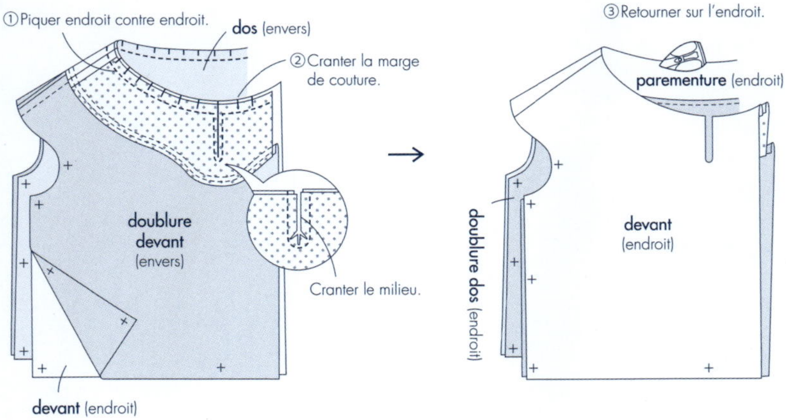

05 Coudre les emmanchures.

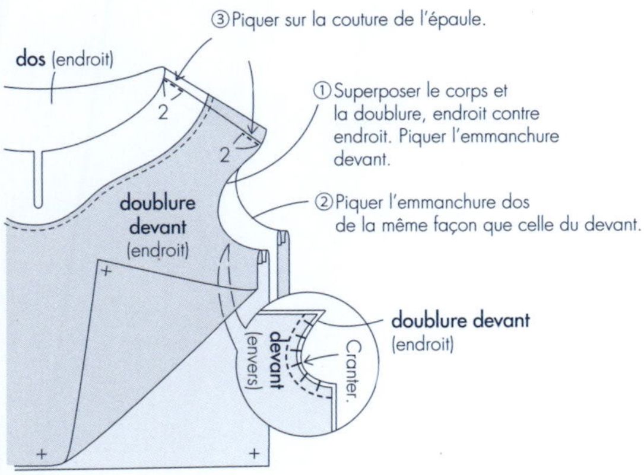

06 Piquer les côtés et continuer à piquer la doublure.

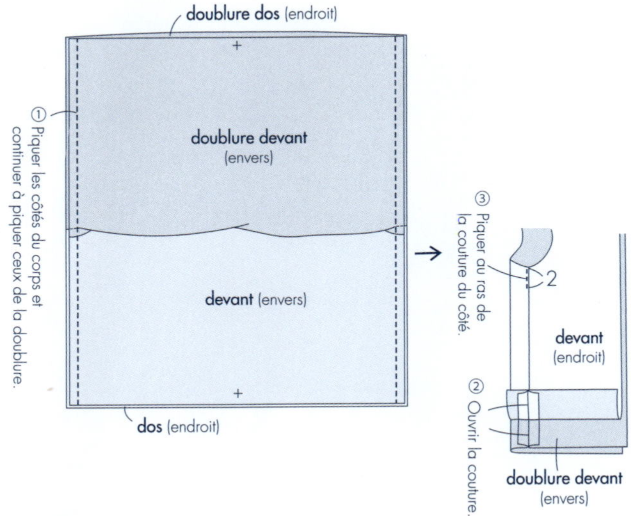

Nº06 Nº11

Blouse à géométrie variable

à porter de 2 façons

Photos : pages 10 et 15

Patrons : Encart face B, n° 06

devant et dos, encolure, empiècement bas, manche

Fournitures

Tissu (Interlock) :
150 x 140 cm (S, M), 150 x 160 cm (L, XL)
Toile thermocollante : 90 x 30 cm
9 boutons de 1,5 cm de diamètre

Réalisation ★Voir schéma.

01 Coudre les épaules et les côtés. Surfiler les 2 marges de couture ensemble. Les rabattre vers un côté.★

02 Coudre l'empiècement bas et l'encolure. Confectionner les boutonnières sur l'encolure.★

03 Assembler l'encolure et le corps. Surfiler les 3 marges de couture ensemble. Les rabattre vers le corps. Surpiquer.★

04 Assembler l'empiècement bas de la même façon que l'encolure. Disposer la couture au milieu du corps.

05 Confectionner les manches. Piquer le dessous de la manche. Plier la manche en 2, envers contre envers. L'assembler au corps. Surfiler les 3 marges de couture ensemble.★

06 Coudre les boutons à l'encolure.

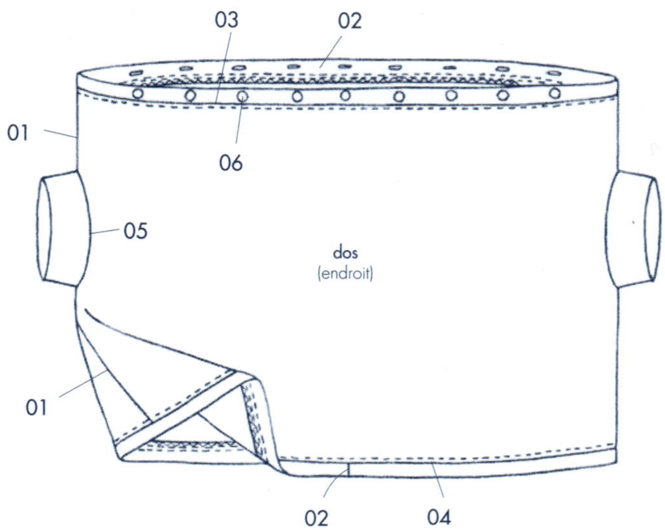

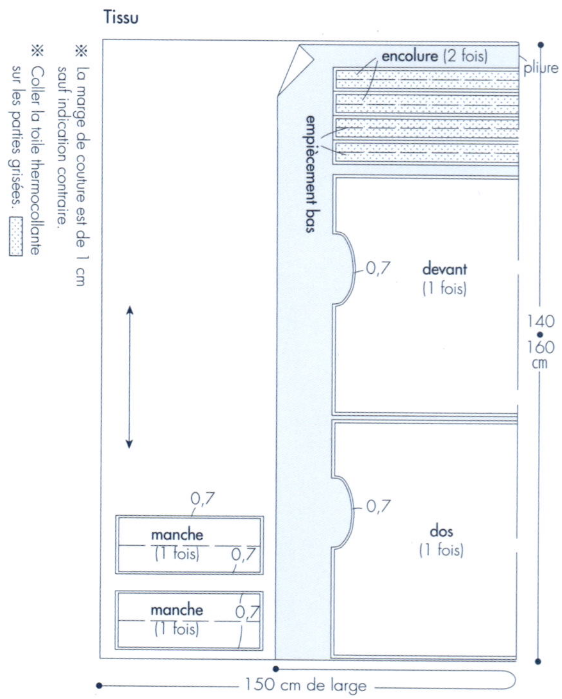

01 Coudre les épaules et les côtés.

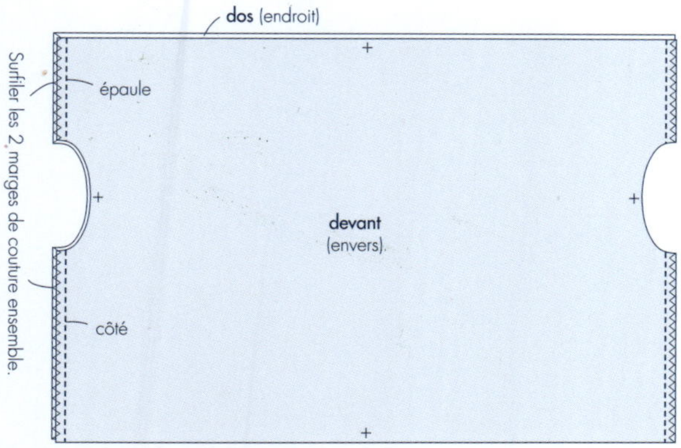

02 Coudre l'empiècement bas et l'encolure.

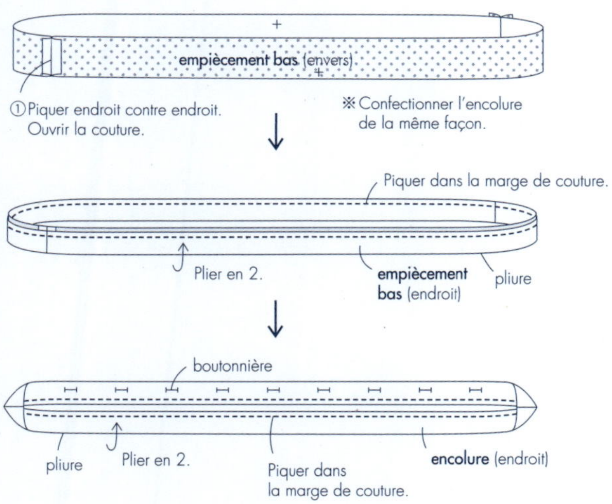

03 Assembler l'encolure au corps.

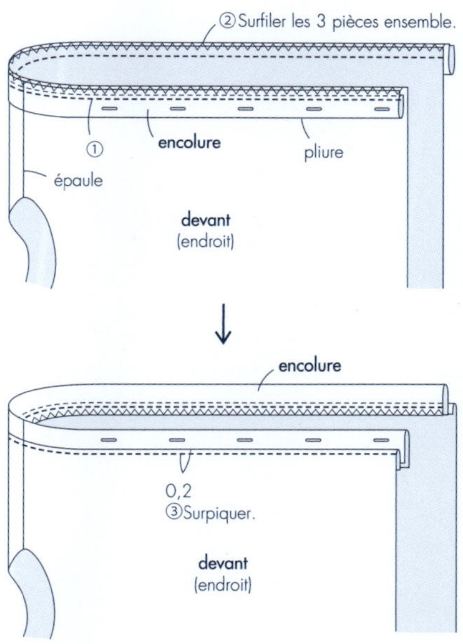

05 Confectionner les manches.

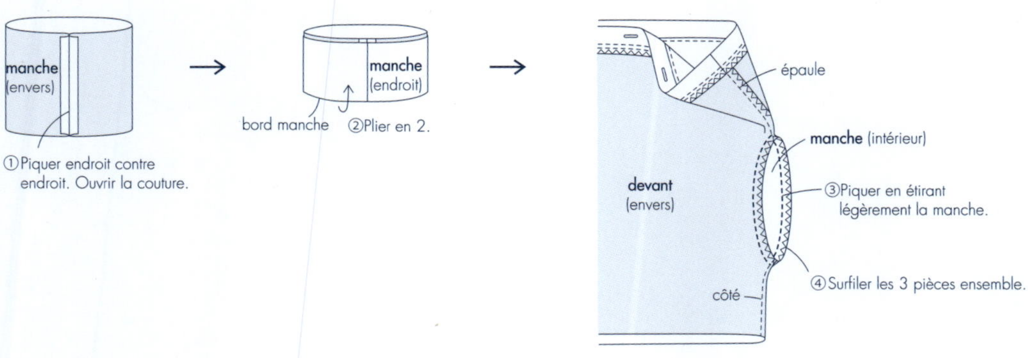

№07

Veste en polaire

Photo : page 11

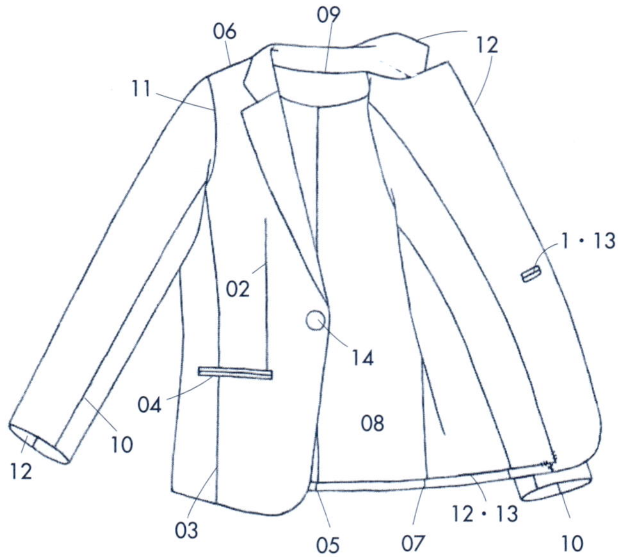

Patrons : Encart face C, n° 07

devant, parementure devant, côté, dos, parementure dos, col, doublure col, manche extérieure, manche intérieure, passepoil poche, passepoil fond, poche, doublure devant, doublure dos, doublure côté, doublure manche extérieure, doublure manche intérieure

Fournitures

Tissu a (polaire) :
145 x 160 cm (S, M), 145 x 180 cm (L, XL)
Tissu b (coton fin) : 35 x 35 cm
Doublure jersey :
90 x 200 cm (S, M), 90 x 220 cm (L, XL)
Toile thermocollante : 90 x 80 cm
Ruban thermocollant de 1 cm de large
1 bouton de 3 cm de diamètre

Réalisation ★Voir schéma.

01 Réaliser la boutonnière passepoilée.★
02 Piquer la pince du devant. Rabattre la marge de couture vers le milieu.★
03 Assembler le devant et le côté. Ouvrir la couture.→Voir page 59.
04 Coller la toile thermocollante sur l'emplacement de la poche. Réaliser les poches passepoilées. →Voir page 59.
05 Coudre le milieu du dos. Ouvrir la couture.
06 Coudre les épaules et ouvrir la couture.
07 Assembler le dos et le côté.
08 Assembler la doublure.★
09 Coudre la doublure col au corps. Coudre le col à la doublure du corps. Ouvrir la couture .→ Voir page 60.
10 Confectionner les manches et les doublures manche.
11 Coudre les manches au corps, les doublures de manche à la doublure du corps.
12 Superposer le corps et la doublure, endroit contre endroit. Piquer le bord extérieur du col, le bord devant, le bas et le bord de la manche.★
13 Retourner sur l'endroit. Faire la finition de la boutonnière passepoilée. Ourler le bas.★
14 Coudre le bouton.

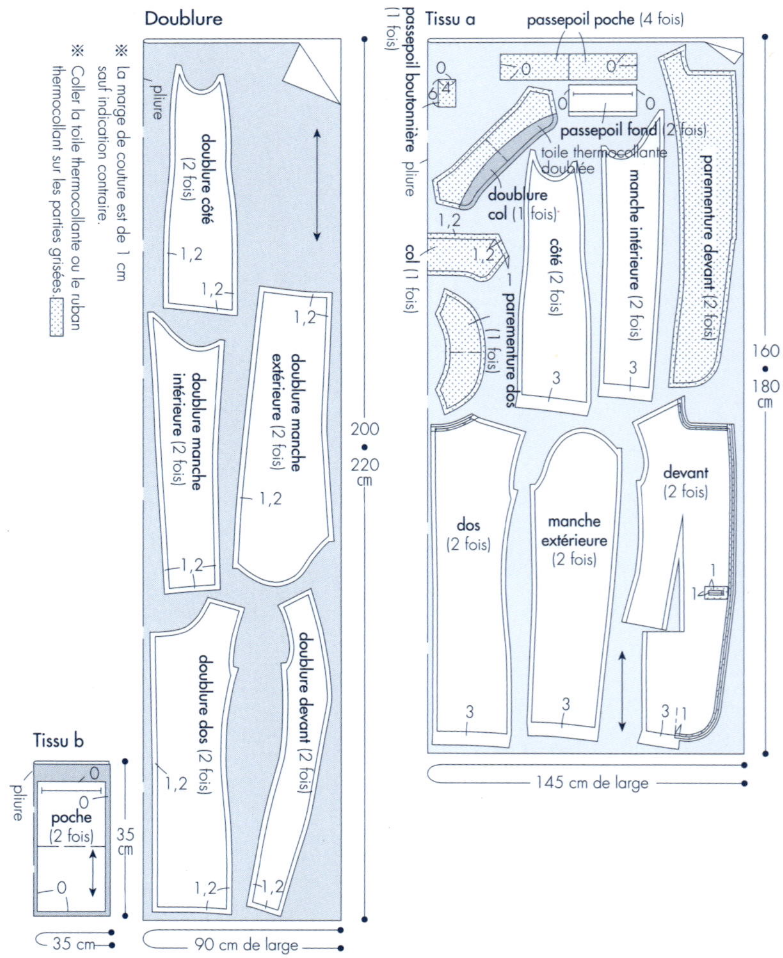

01 Réaliser la boutonnière passepoilée.

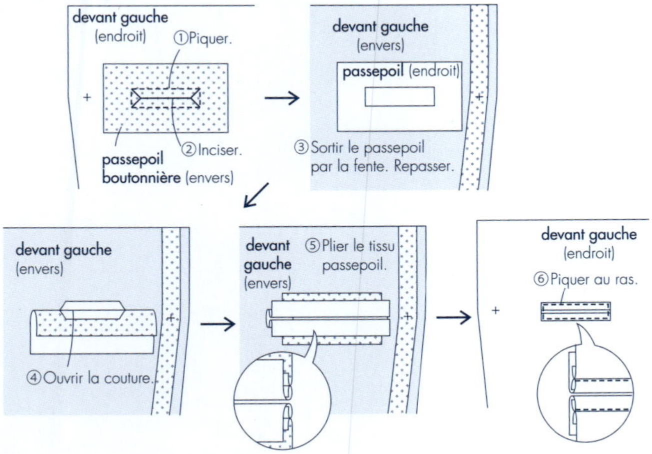

02 Piquer la pince du devant.

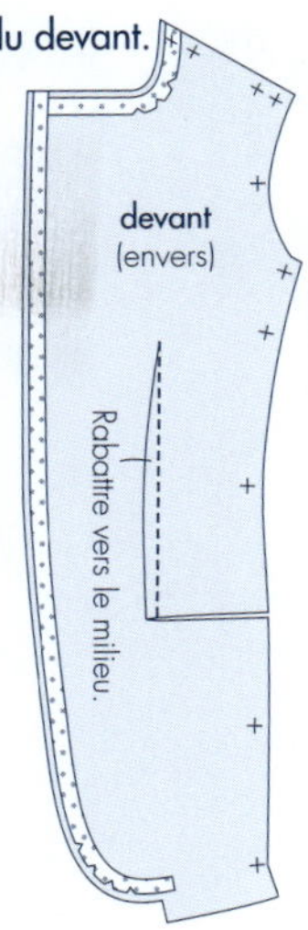

08 Assembler la doublure.

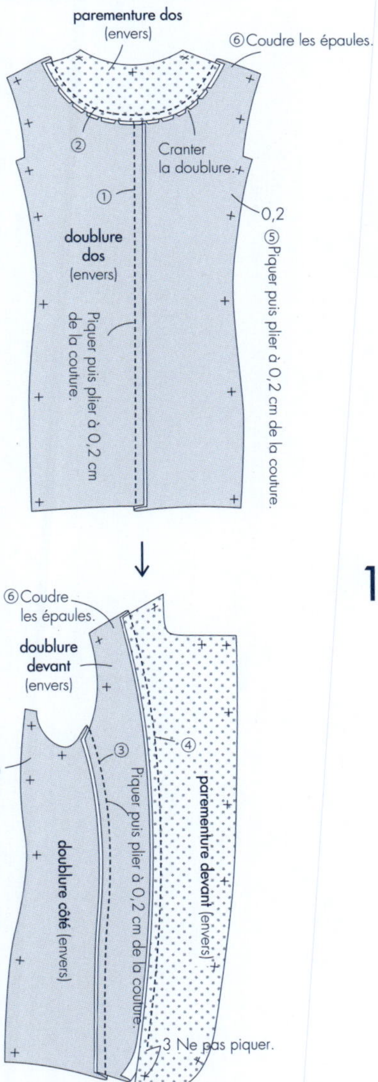

※Cacher la couture. →Voir page 43.

12 Piquer le bord extérieur du col, le bord devant, le bas et le bord de la manche.

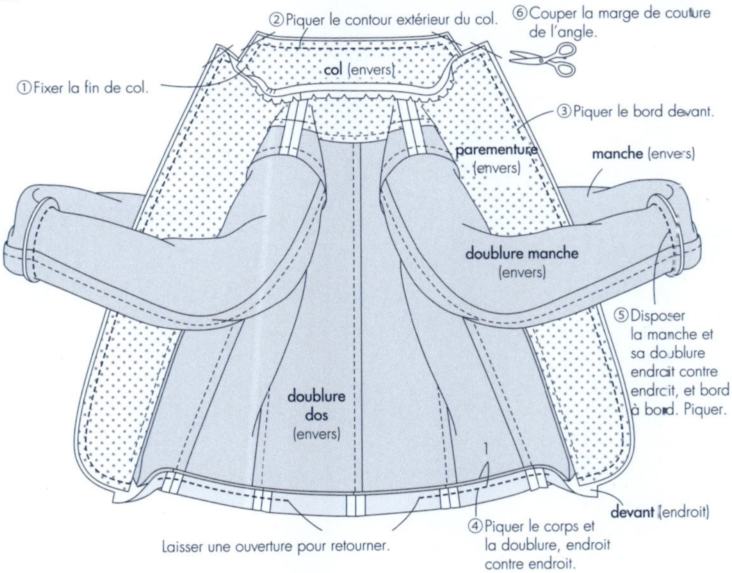

13 Retourner sur l'endroit.

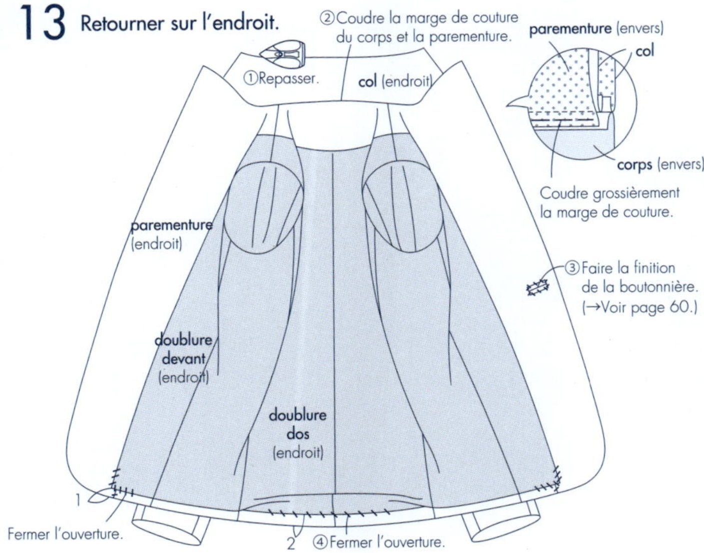

Nº08

Sarouel

Photo : page 12

Patrons : Encart face C, n° 08

devant droit, milieu gauche, côté devant gauche, dos, côté dos droit, ceinture, patte, parementure, fond de poche, poche, passant, bride

Fournitures

Tissu (coton/lin) :
145 x 120 cm (S, M), 145 x 140 cm (L, XL)
Doublure : 70 x 30 cm
Toile thermocollante : 90 x 90 cm
Biais préplié de 1,2 cm de large
1 fermeture à glissière de 14,5 cm de long
1 bouton de 2,7 cm de diamètre

Réalisation ★Voir schéma.

01 Assembler le milieu devant gauche et le côté devant gauche. Coudre jusqu'au repère A. Ouvrir la couture.★
02 Confectionner la poche de côté. →Voir page 71.
03 Coudre la parementure à la fente du devant gauche →Voir page 71.
04 Piquer le milieu devant. Réaliser l'ouverture.★
05 Assembler le dos et le côté dos droit. Coudre jusqu'au repère B et ouvrir la couture.★
06 Coudre les côtés et ouvrir la couture.
07 Piquer l'entrejambe et ouvrir la couture.
08 Border la marge de couture du bas avec le biais (→Voir page 45). Plier le bas en 2 et piquer les pinces.★
09 Confectionner les passants et la bride. Les assembler à la ceinture.★
10 Coudre la ceinture au pantalon. →Voir page 69.
11 Fixer le bas des passants.★
12 Coudre le bouton.

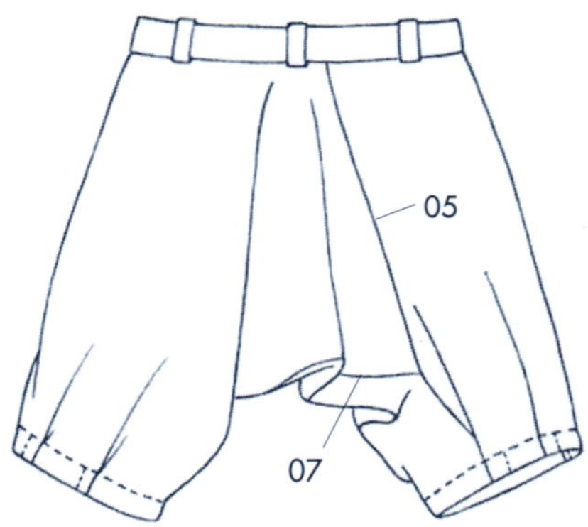

Tissu

※ La marge de couture est de 1 cm sauf indication contraire.
※ Coller la toile thermocollante sur les parties grisées.

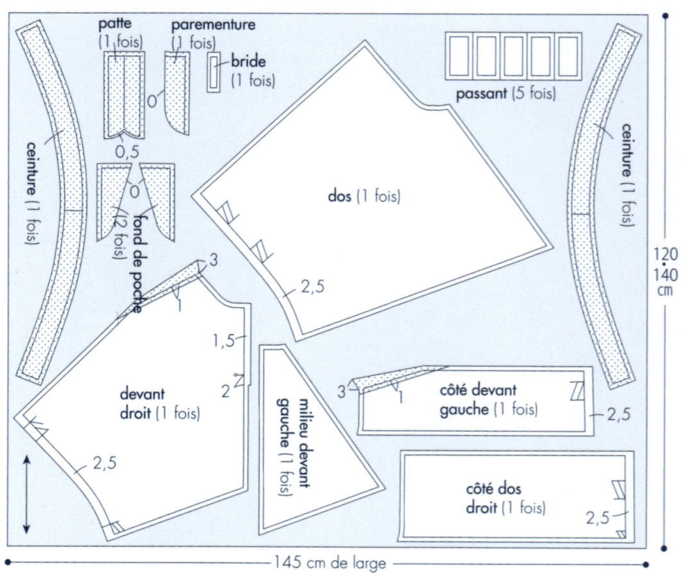

Doublure

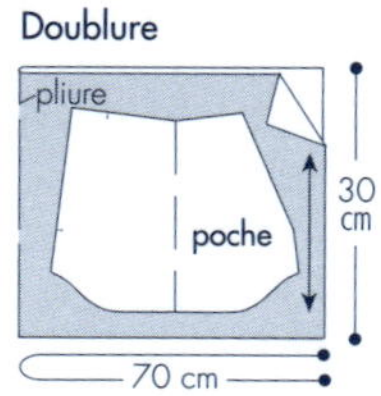

01 Assembler le milieu devant gauche et le côté devant gauche.

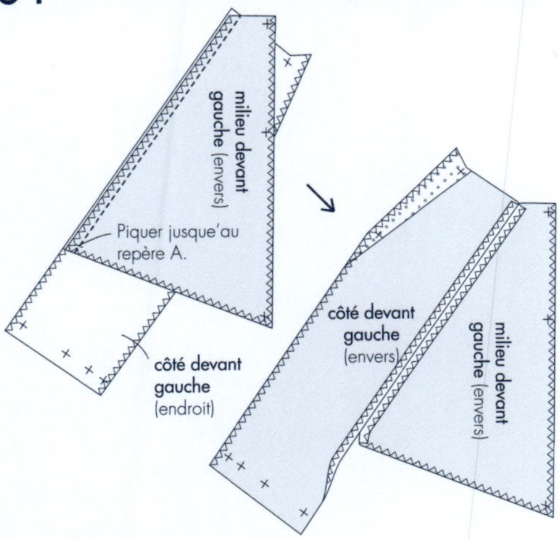

04 Piquer le milieu devant.

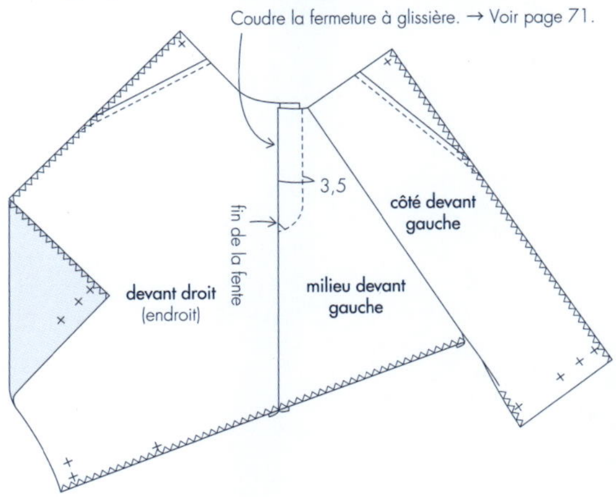

05 Assembler le dos et le côté dos droit.

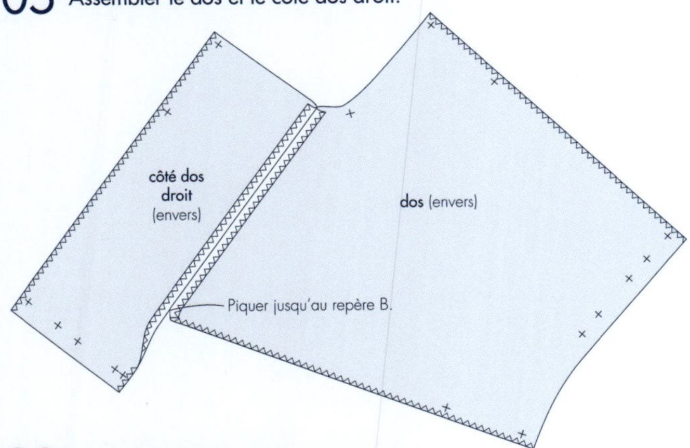

08 Border la marge de couture du bas.

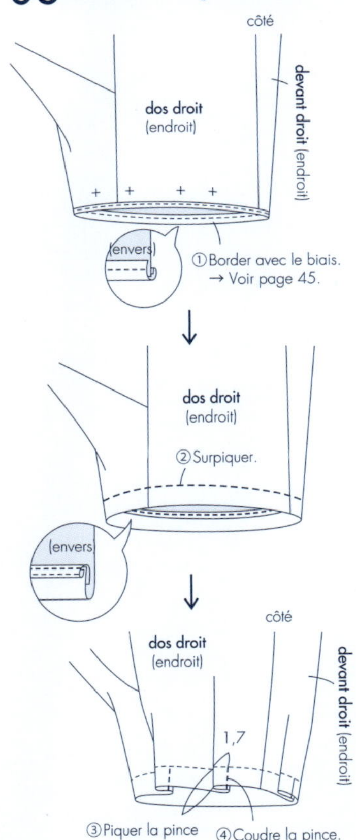

09 Confectionner les passants et la bride.

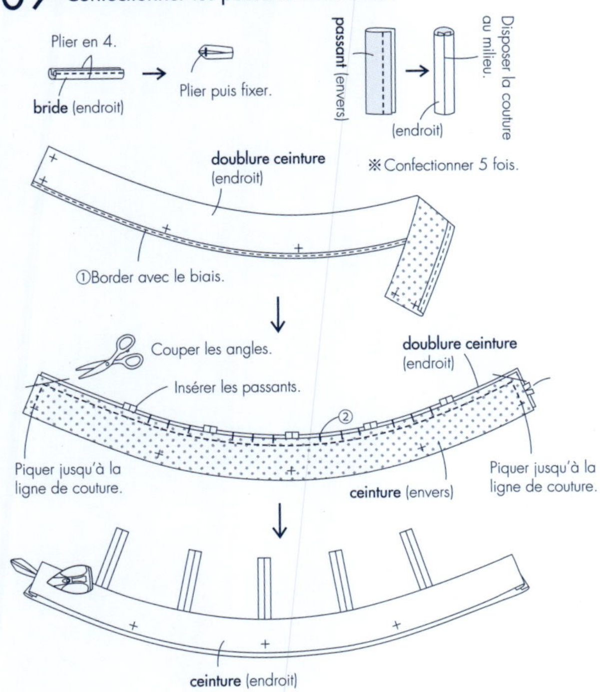

11 Fixer le bas des passants.

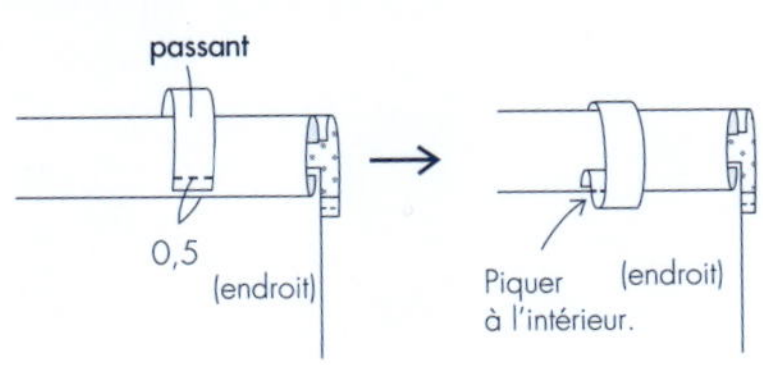

Nº09

Veste longue à rayures

Photo : page 13

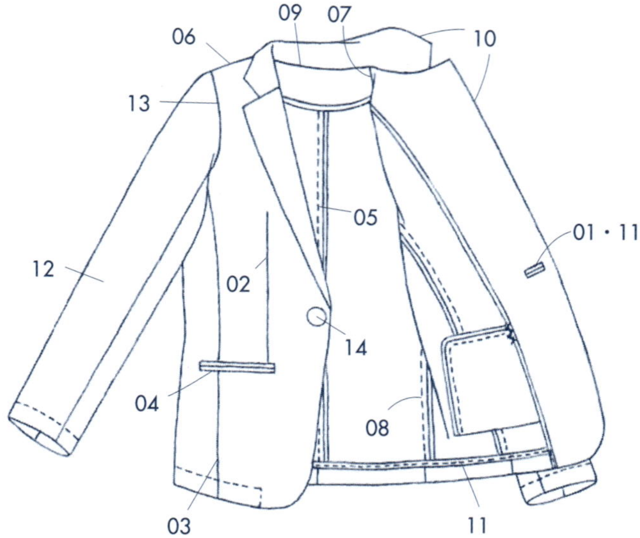

Patrons : Encart face C, n° 09

devant, parementure devant, côté, dos, parementure dos, col, doublure col, manche extérieure, manche intérieure, passepoil poche, fond de poche, poche

Fournitures

Tissu (coton/lin) :
145 x 190 cm (S, M), 145 x 210 cm (L, XL)
Doublure (coton) : 35 x 35 cm
Toile thermocollante : 90 x 70 cm
Ruban thermocollant de 1 cm de large
Biais préplié de 1,2 cm de large
1 bouton de 3 cm de diamètre

Réalisation ★Voir schéma.

01 Réaliser la boutonnière passepoilée au devant gauche.→Voir page 55.

02 Piquer les pinces du devant. Rabattre la marge de couture vers le milieu.→Voir page 55.

03 Assembler le devant et les côtés. Border les 2 marges de couture ensemble avec un biais et les rabattre ver le côté (★).→Voir page 45.

04 Coller la toile thermocollante à l'ouverture de poche du devant. Réaliser la poche passepoilée.★

05 Coudre le milieu dos. Border les 2 marges de couture ensemble et les rabattre vers la gauche.

06 Coudre les épaules. Border les 2 marges de couture ensemble et les rabattre vers le dos.

07 Assembler les parementures et ouvrir la couture. Border le bord extérieur de la parementure.

08 Assembler le dos et les côtés. Border les 2 marges de couture ensemble et les rabattre vers le côté. Border la marge de couture du bas.

09 Coudre le col à la parementure. Coudre la doublure col au corps. Ouvrir la couture.★

10 Piquer le bord extérieur du col et le bord devant.★

11 Retourner sur l'endroit. Faire la finition de la boutonnière passepoilée. Surpiquer le bas.★

12 Confectionner les manches.★

13 Monter les manches au corps. Border les 2 marges de couture ensemble.

14 Coudre le bouton.

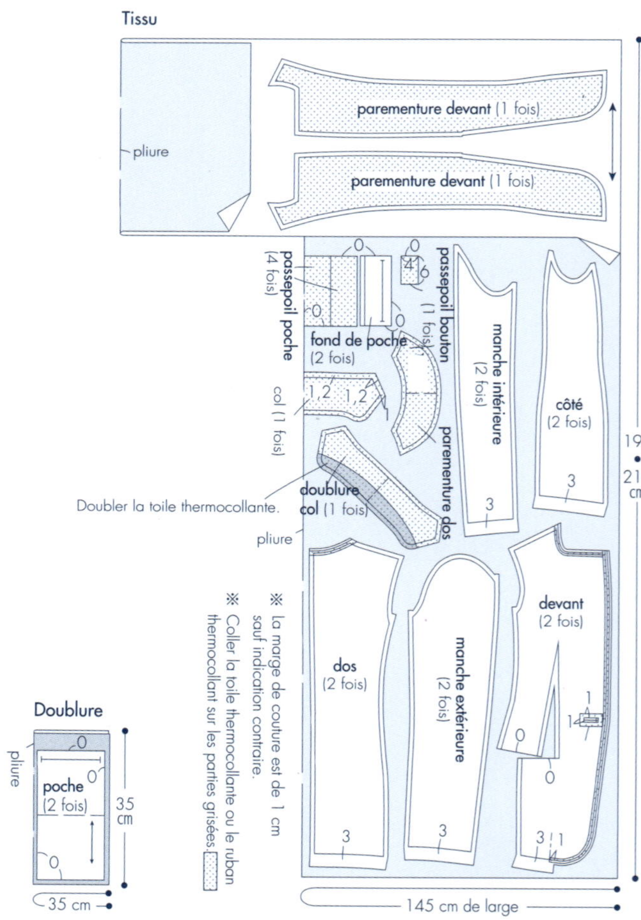

03 Assembler le devant et les côtés.

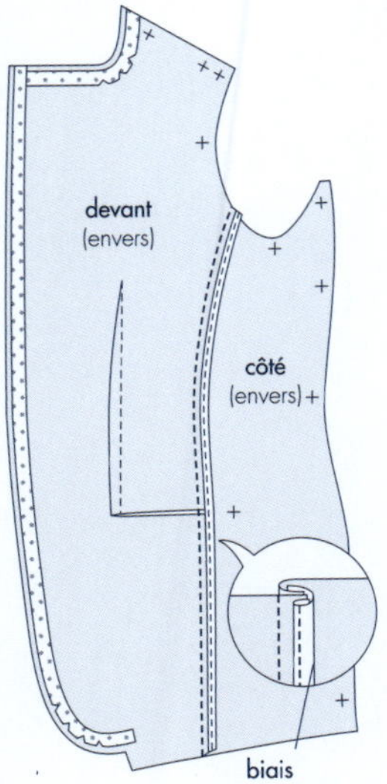

04 Réaliser la poche passepoilée.

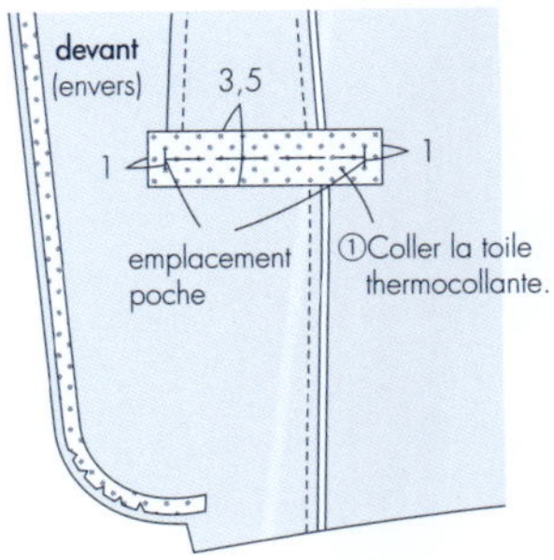

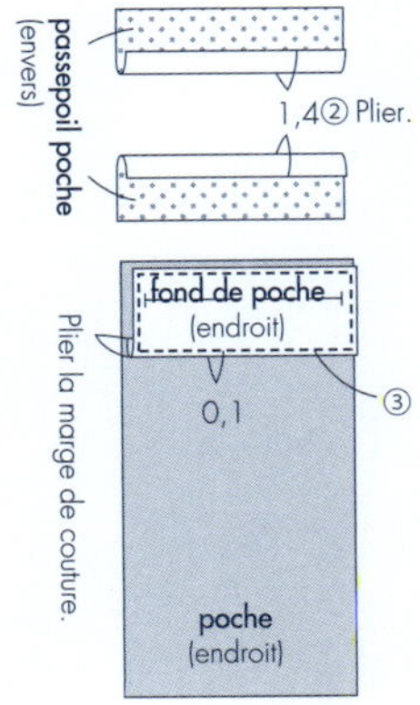

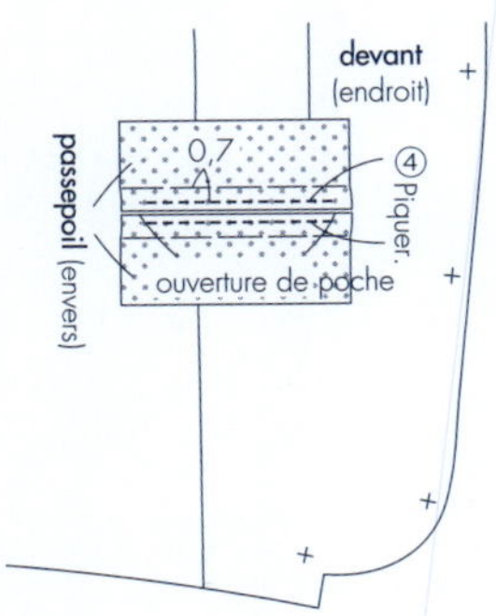

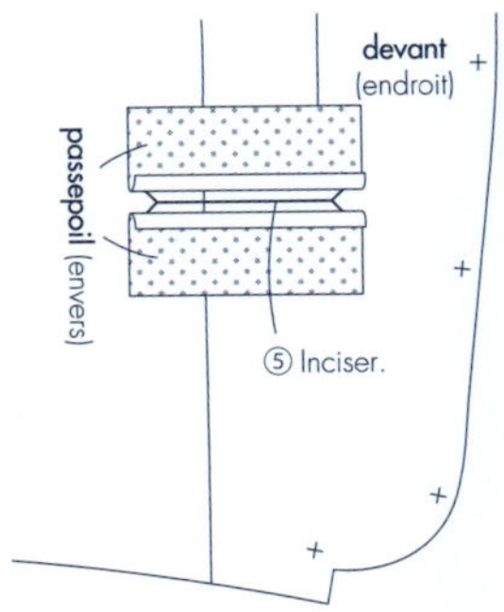

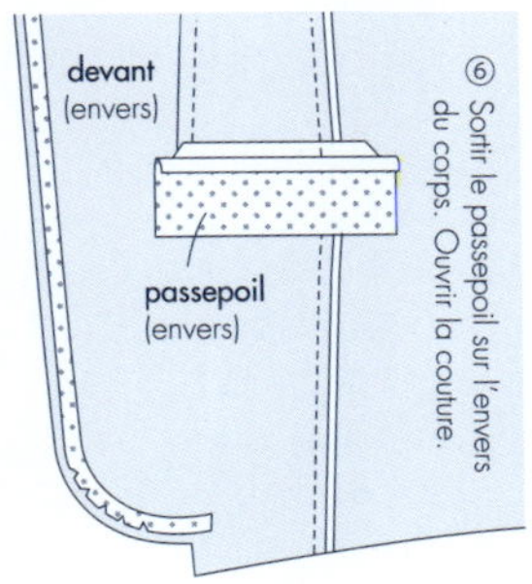

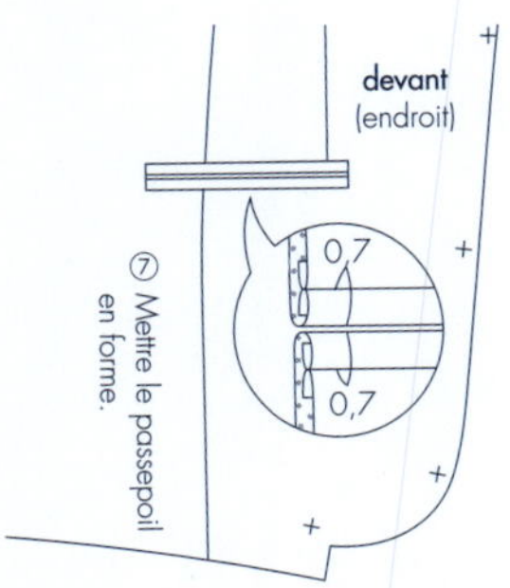

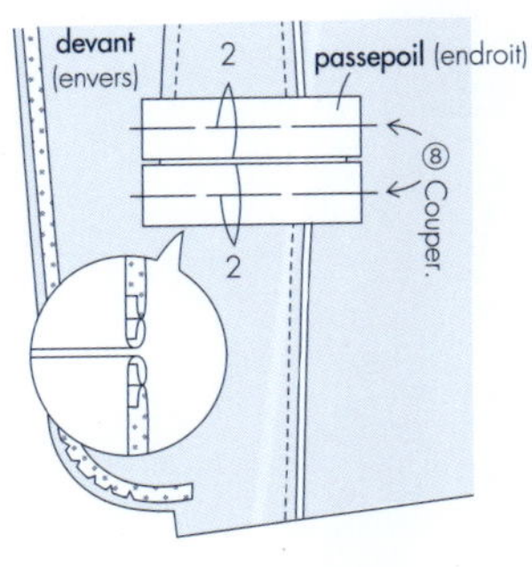

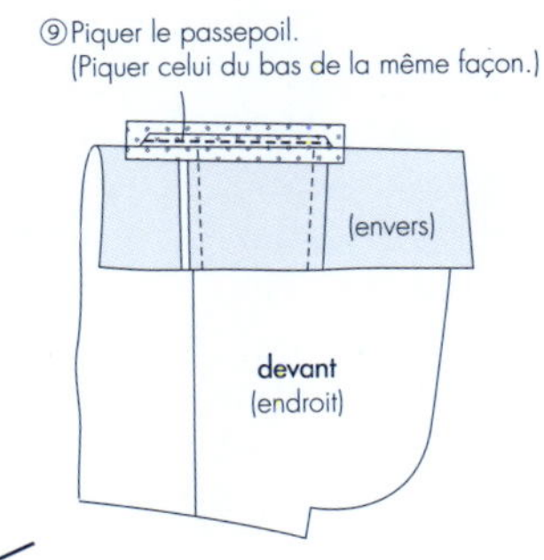

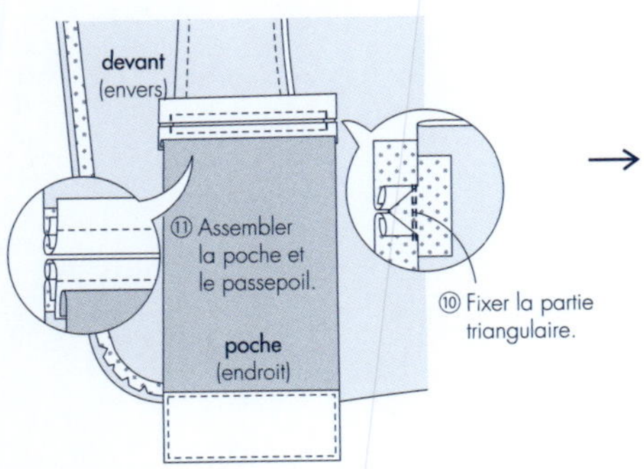

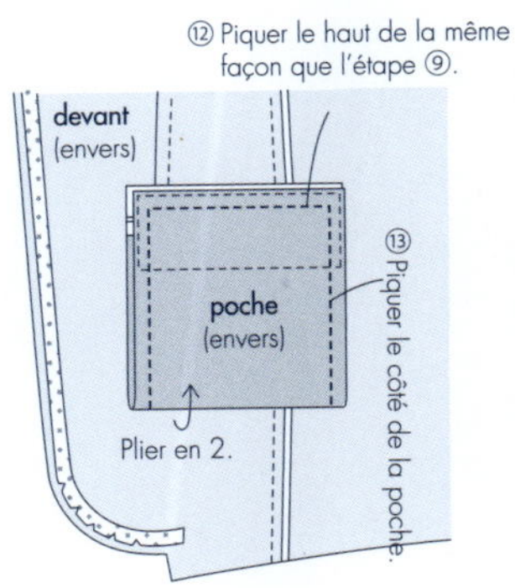

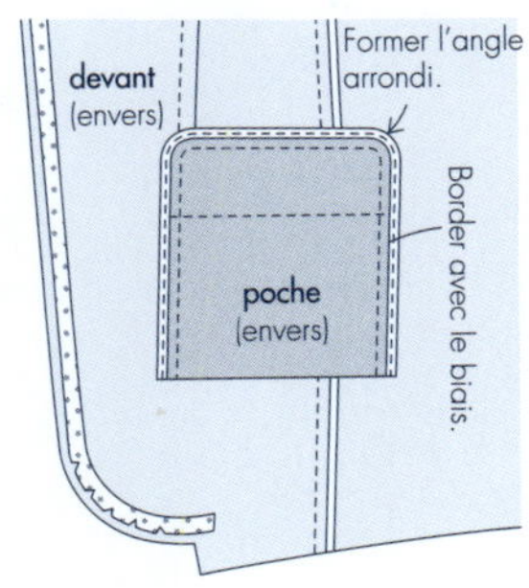

№09

09 Coudre le col.

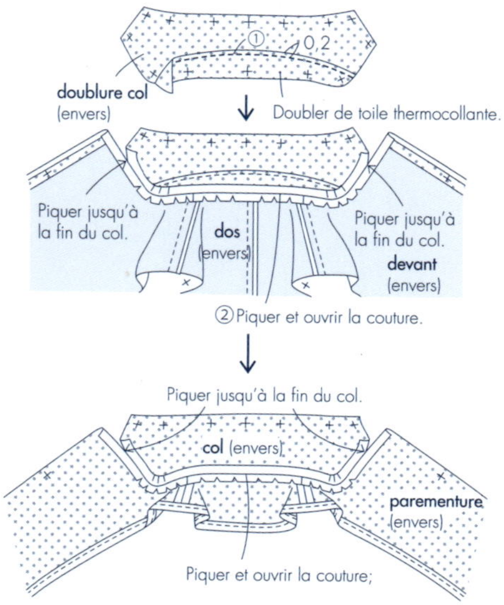

10 Piquer le bord extérieur du col et le bord du devant.

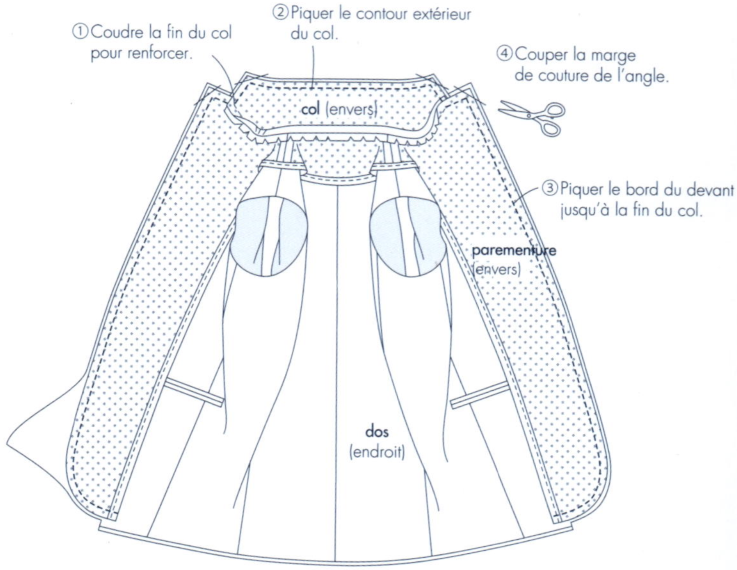

11 Retourner sur l'endroit. Surpiquer le bas.

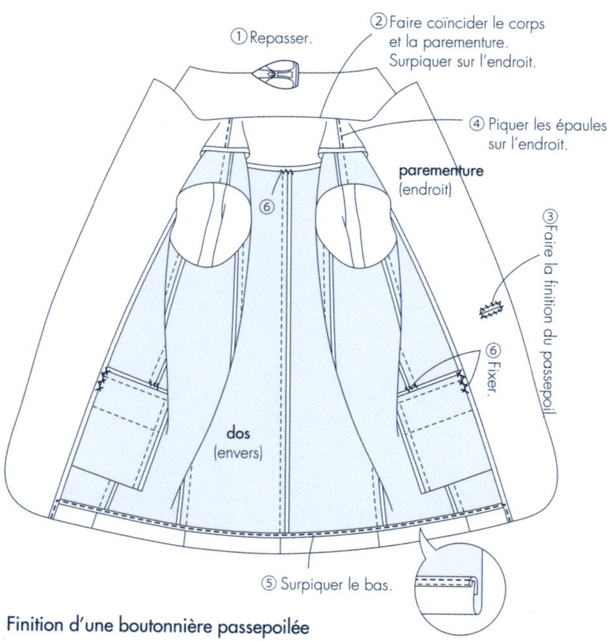

12 Confectionner les manches.

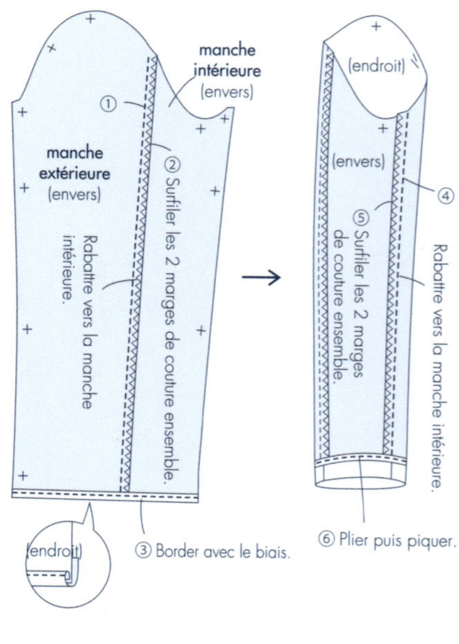

Finition d'une boutonnière passepoilée

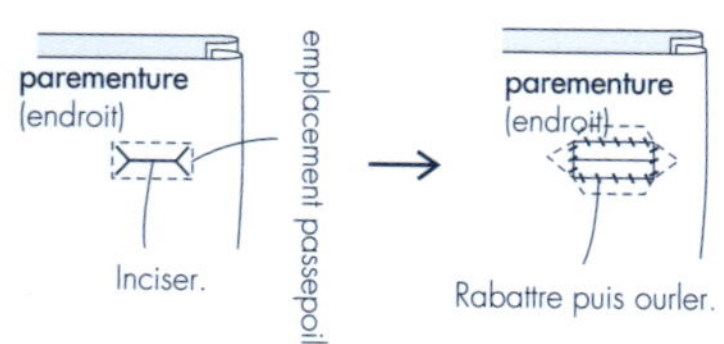

№16

Col-plastron 1

Photo : page 22

Patrons : Encart face D, n° 16

devant, dos, col, doublure col, parementure, patte

Fournitures

Tissu (lin) :
110 x 60 cm (S, M), 110 x 70 cm (L, XL)
Toile thermocollante :
90 x 80 cm (S, M), 90 x 90 cm (L, XL)
Ruban : 2 x 180 cm

Réalisation ★Voir schéma.

01 Confectionner la patte.★
02 Coudre les épaules et ouvrir la couture.
03 Coudre la doublure col au corps, le col à la parementure .→Voir page 63.
04 Superposer le col et la doublure col, endroit contre endroit. Piquer le contour.★

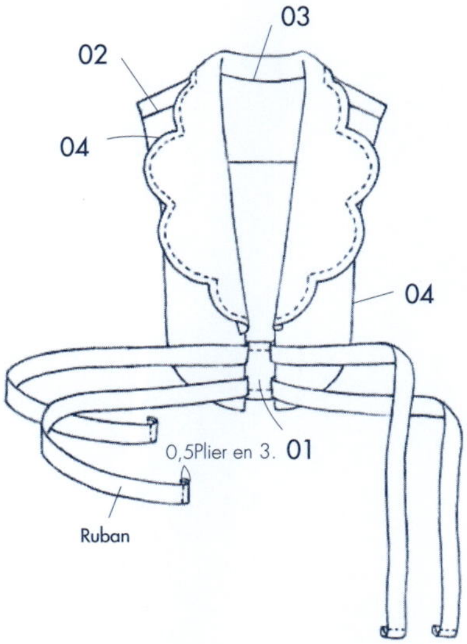

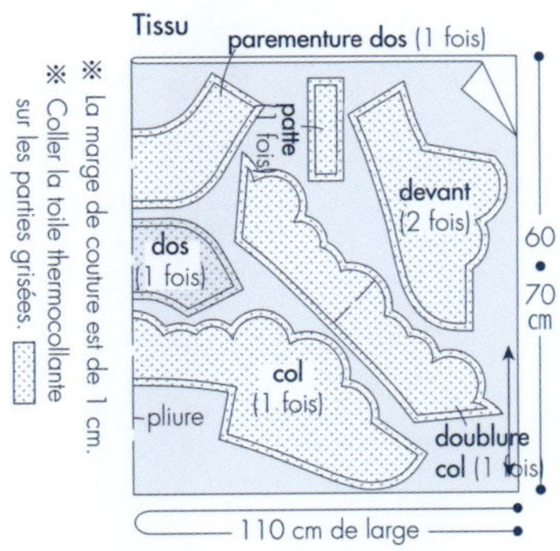

01 Confectionner la patte.

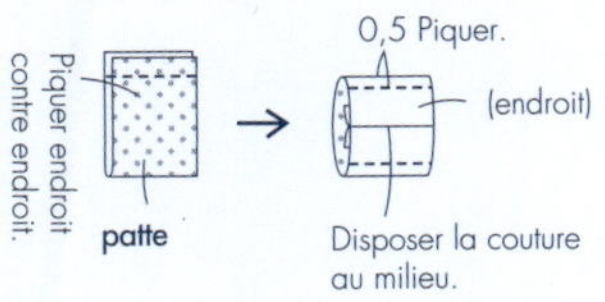

04 Piquer le contour.

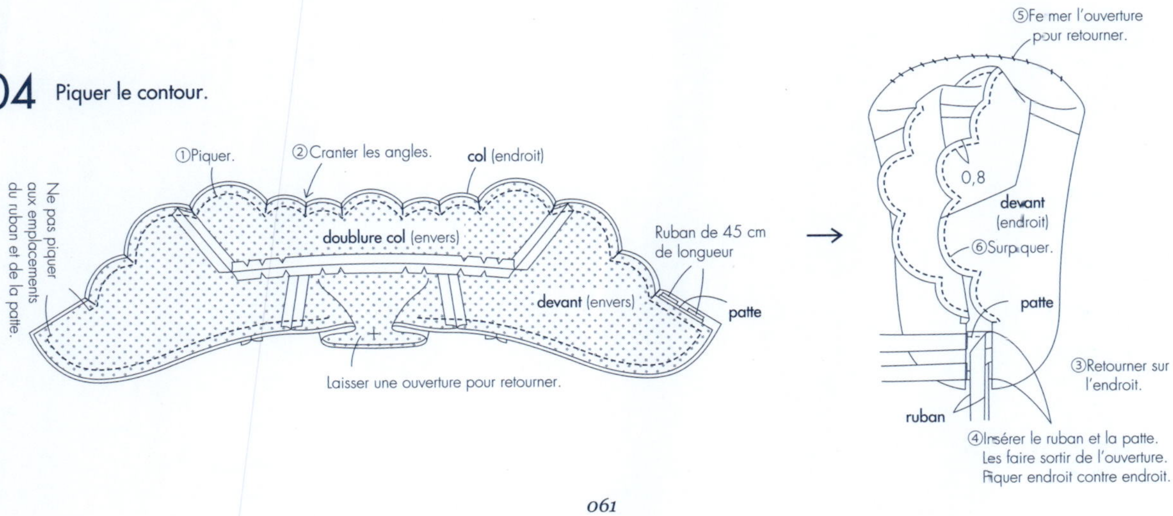

Nº16

Col-plastron 2

Photos : pages 22 et 24

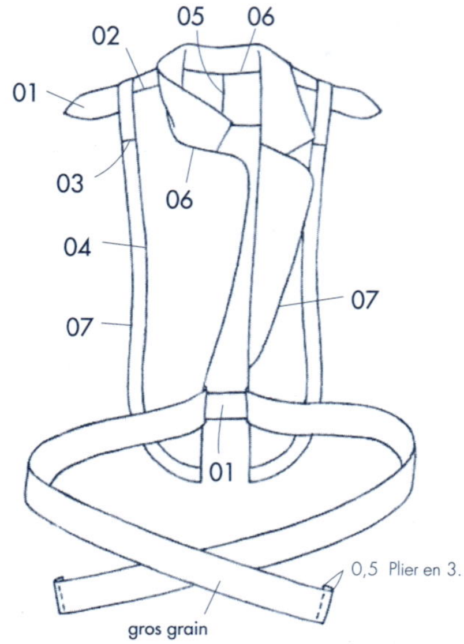

Patrons : Encart face D, n° 16

devant, dos, bordure devant, bordure dos, parementure, col, doublure col, épaulette, patte

Fournitures

Tissu a (tissu de laine) : 80 x 65 cm
Tissu b (tissu de laine) : 75 x 45 cm
Toile thermocollante : 90 x 100 cm
Gros-grain : 3,8 x 125 cm

Réalisation ★Voir schéma.

01 Confectionner la patte et les épaulettes.★
02 Coudre les épaules et ouvrir la couture.
03 Assembler les bordures et ouvrir la couture.
04 Coudre la bordure au corps. Rabattre la marge de couture vers la bordure dos.
05 Piquer le milieu dos de la parementure et ouvrir la couture.
06 Coudre la doublure col au corps, le col à la parementure.→Voir page 63.
07 Superposer le corps et la parementure, endroit contre endroit. Piquer le contour.★

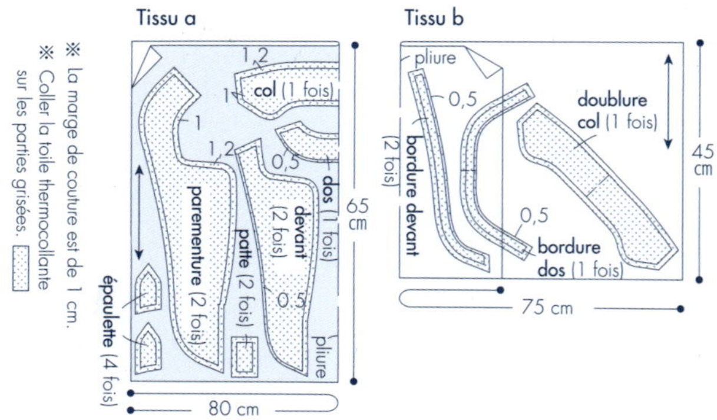

01 Confectionner la patte et les épaulettes.

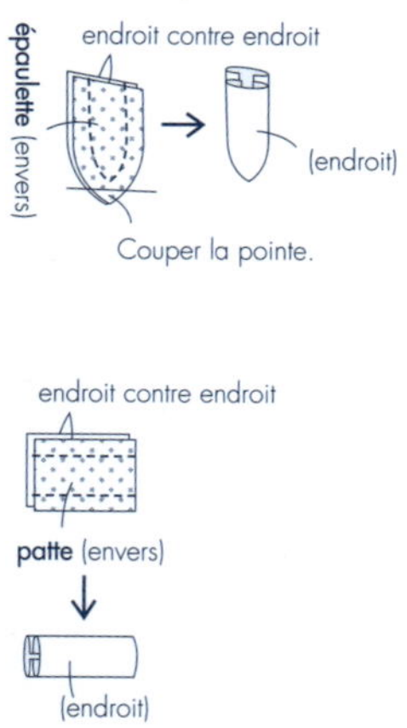

07 Piquer le contour.

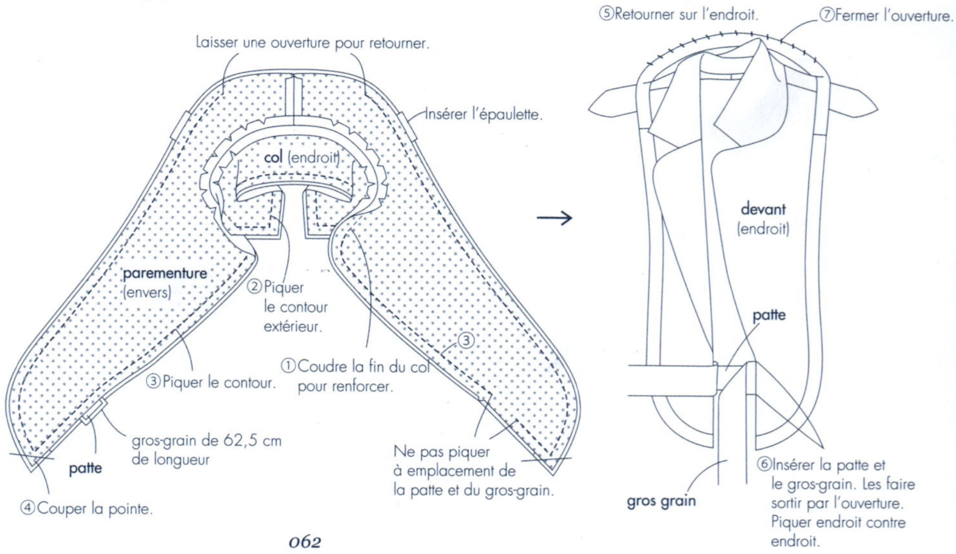

Nº16

Col-plastron 3

Photos : pages 22 et 25

Patrons : Encart face D, n° 16

devant, dos, parementure, col, doublure col

Fournitures

Tissu a (coton/lin) :
145 x 40 cm (S, M), 145 x 50 cm (L, XL)
Tissu b (coton/lin) : 40 x 20 cm
Toile thermocollante : 90 x 80 cm
Elastique : 1,5 x 50 cm
2 paires de régleur de bretelle
2 boutons de 1,7 cm de diamètre

Réalisation ★Voir schéma.

01 Confectionner les bretelles.★
02 Coudre les épaules et ouvrir la couture.
03 Coudre la doublure col au corps, le col à la parementure.★
04 Superposer le col et la doublure, endroit contre endroit. Faire coïncider les repères. Insérer les bretelles au bas devant et piquer le contour. Retourner sur l'endroit et fermer l'ouverture pour retourner.
05 Coudre le bouton.

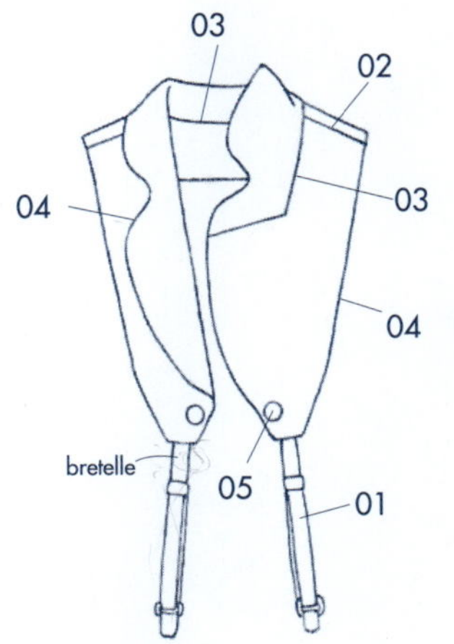

※ La marge de couture est de 1 cm.
※ Coller la toile thermocollante sur les parties grisées.

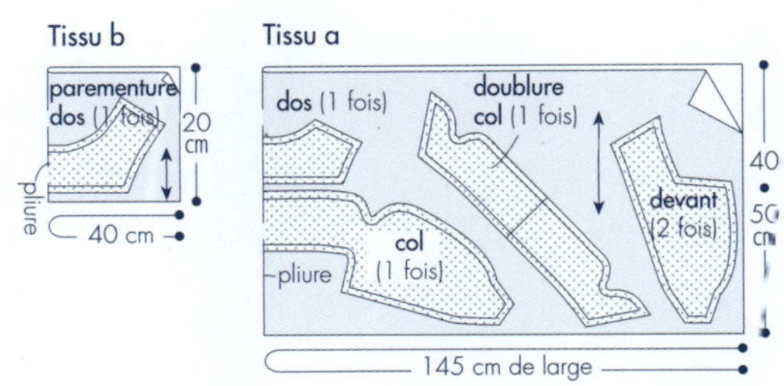

01 Confectionner les bretelles.

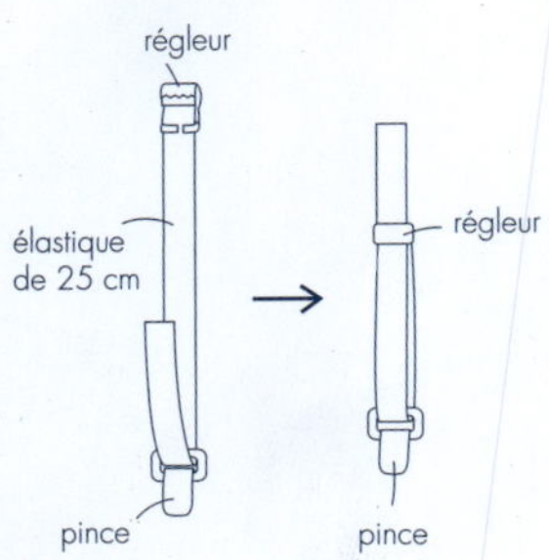

03 Coudre la doublure col au corps, le col à la parementure.

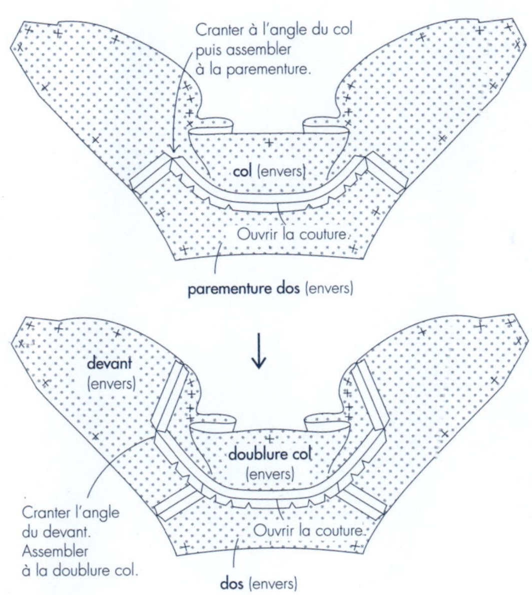

Nº10

Blouse ornée de pompons

Photo : page 14

Patrons : Encart face B, n° 10

devant, dos

Fournitures

Tissu a (Interlock) :
150 x 70 cm (S, M), 150 x 90 cm (L, XL)
Tissu b (Interlock à rayures) : 75 x 65 cm
22 cm de galon à pompons
(environ 6 pompons)

Réalisation ★Voir schéma.

01 Border l'encolure avec le biais. Insérer le galon sur le devant.★
02 Superposer les épaules du devant sur celles du dos. Piquer.★
03 Border le bord de la manche avec le biais.
04 Coudre les côtés. Surfiler les 2 marges de couture ensemble. Les rabattre vers le dos.★
05 Surfiler le bas et plier en 2. Piquer 2 lignes.

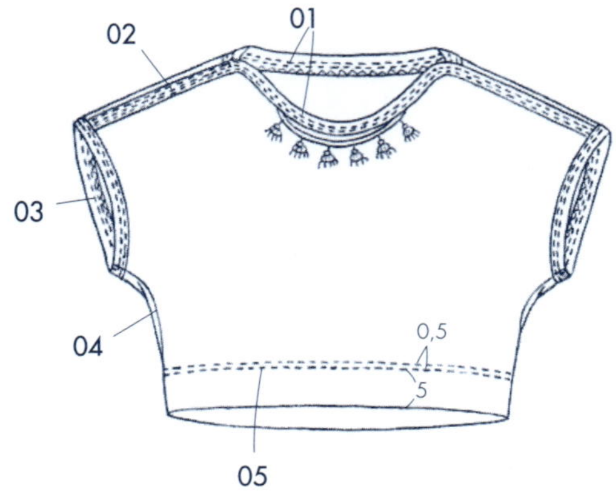

Tissu a

※ La marge de couture est de 1 cm sauf indication contraire.

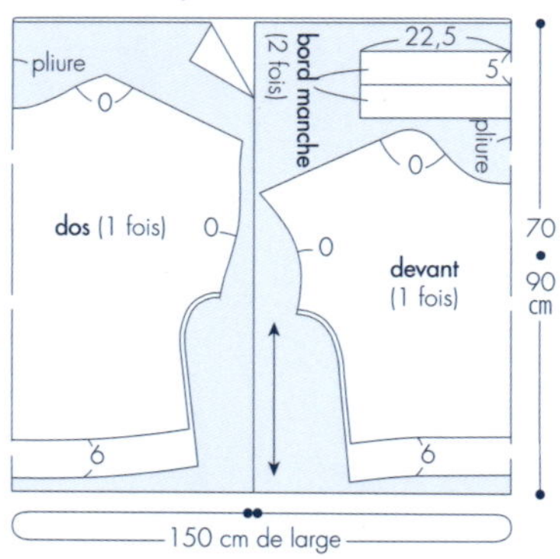

Tissu b

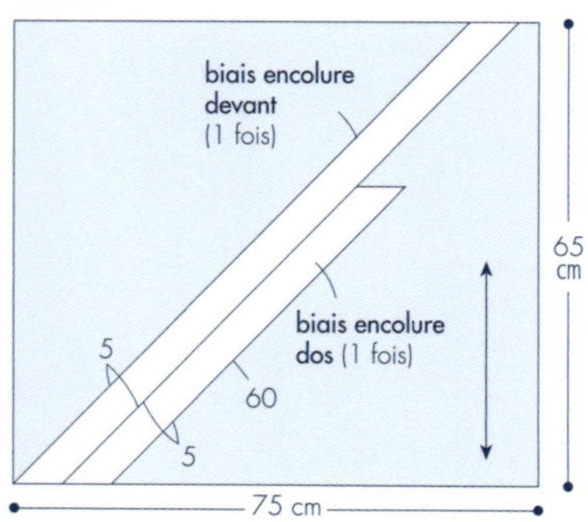

02 Piquer les épaules.

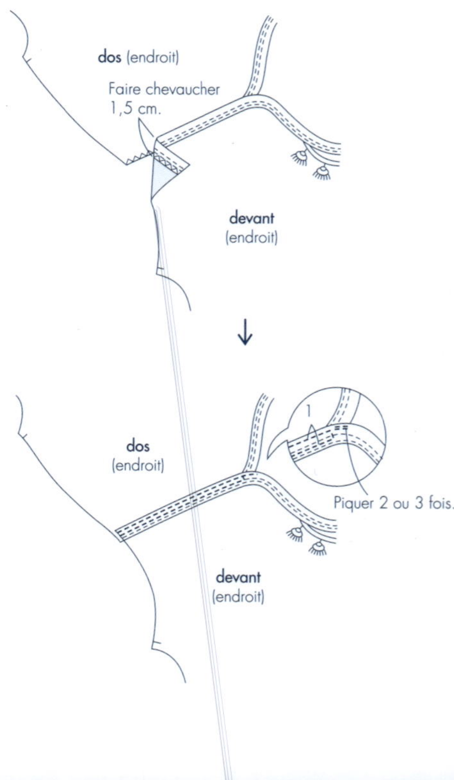

01 Border l'encolure avec le biais.

[encolure dos]

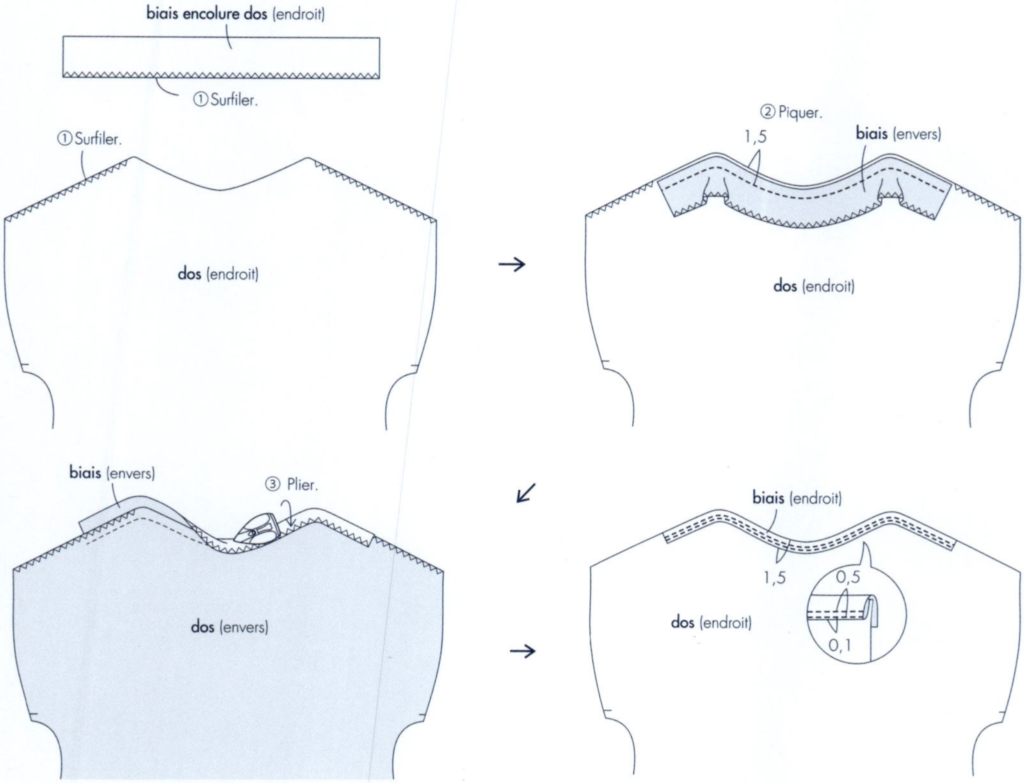

[encolure devant]

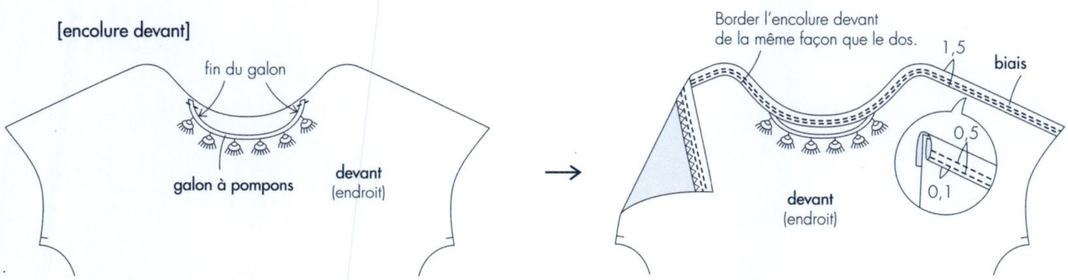

04 Coudre les côtés.

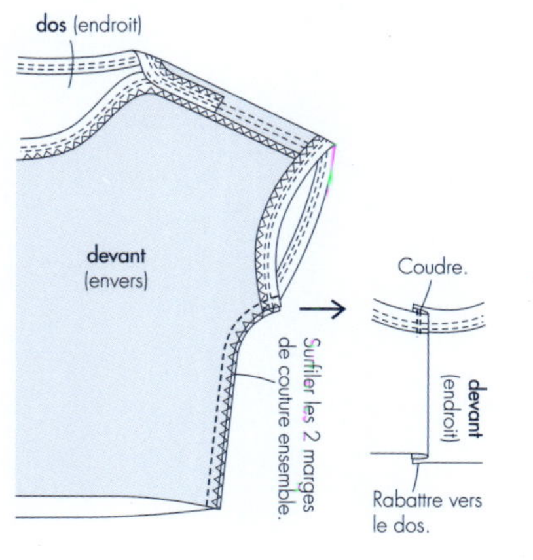

№12

Tunique drapée

Photo : page 16

Patrons : Encart face B, n° 12

devant droit, devant gauche, dos

Fournitures

Tissu (Interlock) : 160 x 100 cm

Réalisation ★Voir schéma.

01 Surfiler l'encolure devant. Plier la marge de couture et piquer 2 lignes.★
02 Border l'encolure dos.★
03 Coudre les épaules. Surfiler les 2 marges de couture ensemble et les rabattre vers le dos.★
04 Border les emmanchures.★
05 Coudre les côtés. Surfiler les 2 marges de couture ensemble. Les rabattre vers le dos.
06 Surfiler le bas et plier la marge de couture. Piquer 2 lignes.

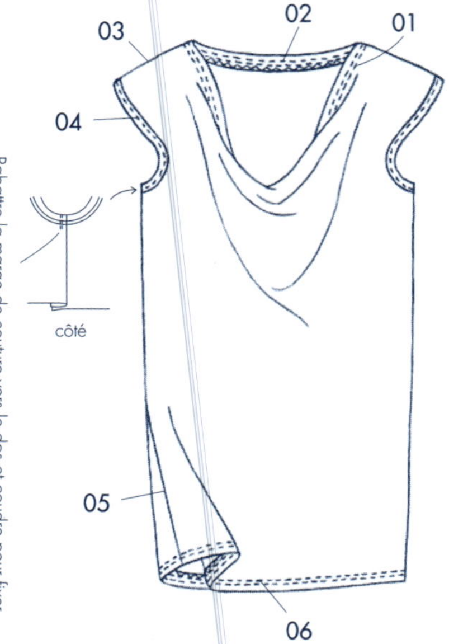

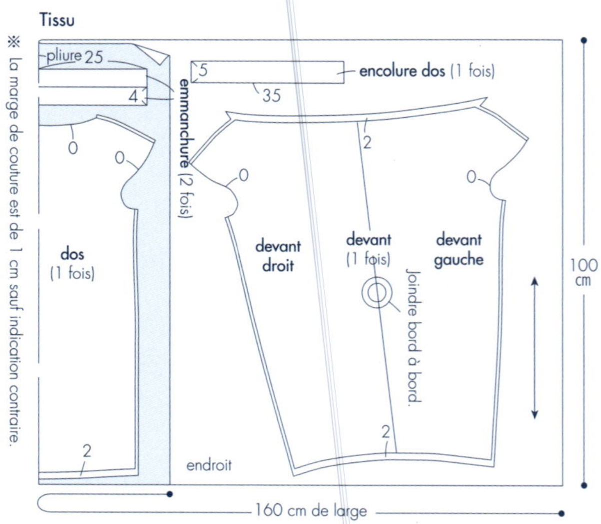

01 Plier la marge de couture et piquer 2 lignes.

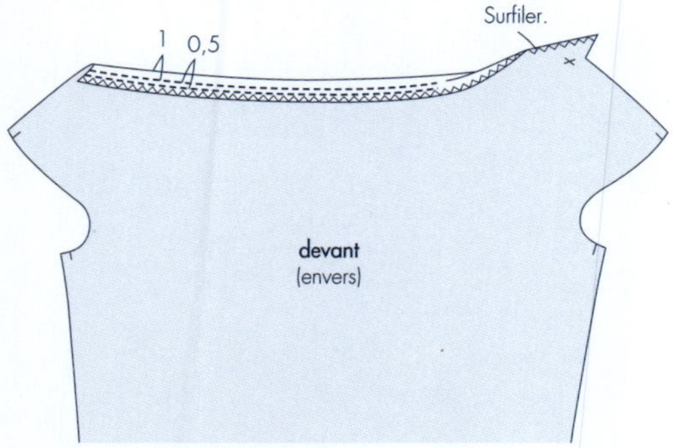

02 Border l'encolure dos.

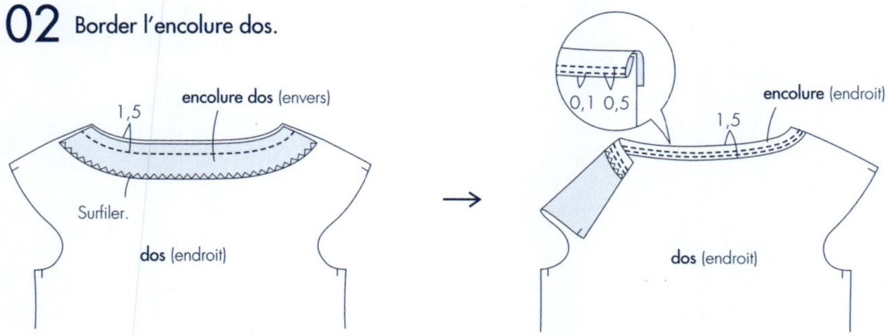

03 Coudre les épaules.

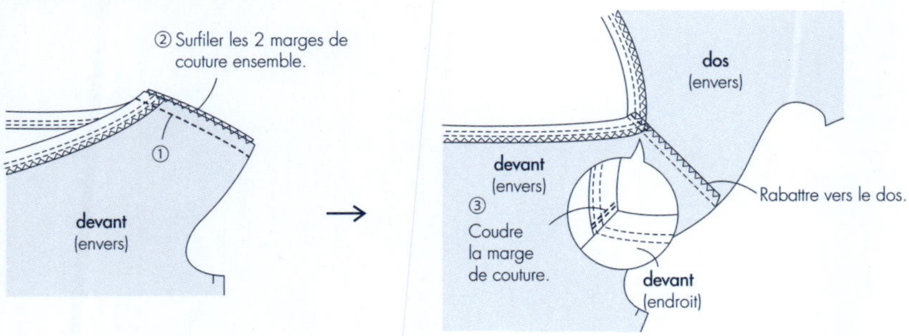

04 Border les emmanchures.

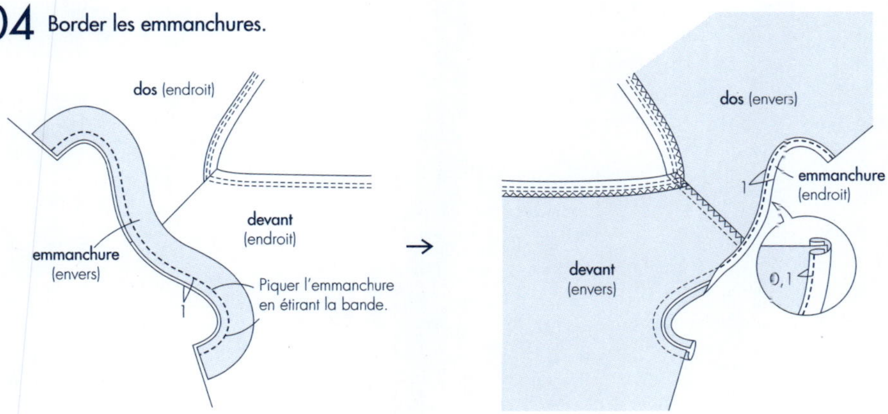

Nº13

Pantalon fuseau

Photo : page 18

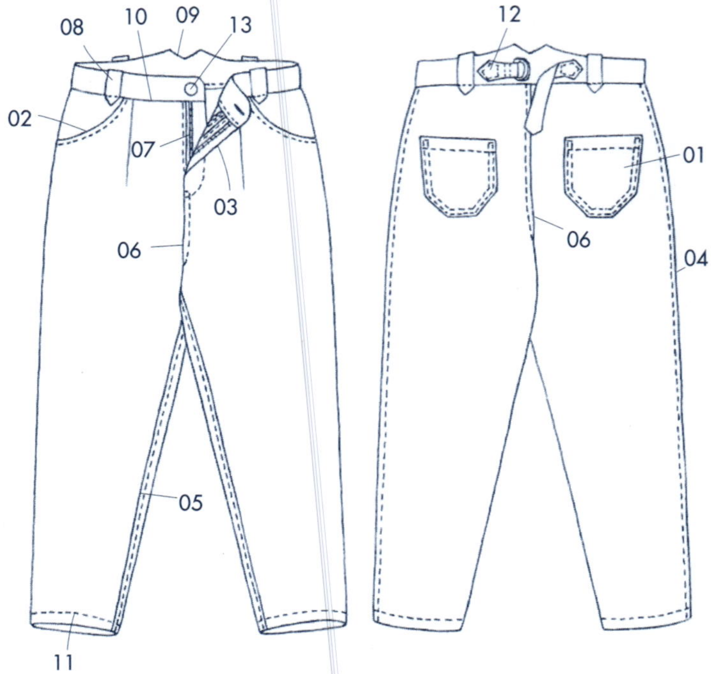

Patrons : Encart face B, n° 13

devant, dos, ceinture, doublure ceinture, poche dos, fond de poche, poche A, poche B, patte, parementure, décor ceinture droit, décor ceinture gauche, passant dos, passant devant, parementure poche

Fournitures

Tissu (velours côtelé) :
134 x 180 cm (S, M), 134 x 200 cm (L, XL)
Doublure : 30 x 100 cm
Toile thermocollante :
90 x 100 cm (S, M), 90 x 110 cm (L, XL)
Ruban thermocollant de 1 cm de large
1 fermeture à glissière de 14,5 cm de long
1 bouton de 2 cm de diamètre
2 anneaux « D » de 2,5 cm de large

Réalisation ★Voir schéma.

01 Confectionner les poches et les coudre au dos.→Voir page 74.
02 Confectionner les poches de côté.★
03 Coudre la parementure au devant gauche. →Voir page 71.
04 Coudre les côtés. Surfiler les 2 marges de couture ensemble. Les rabattre vers le dos. Surpiquer.
05 Piquer l'entrejambe. Surfiler les 2 marges de couture ensemble et les rabattre vers le dos. Surpiquer.
06 Piquer le haut de l'entrejambe sauf la fente. Cranter à 1 cm de l'arrêt de la fente du devant droit. Surfiler les 2 marges de couture ensemble.
07 Coudre la fermeture à glissière (→Voir page 71). Rabattre la marge de couture du haut de l'entrejambe vers la jambe gauche. Surpiquer.
08 Confectionner 4 passants.★
09 Piquer la ceinture en insérant les passants.★
10 Coudre la ceinture au pantalon. Fixer les passants au pantalon.★
11 Plier le bas en 3 et piquer.
12 Confectionner le décor de la ceinture. Le coudre à la ceinture.★
13 Réaliser la boutonnière et coudre le bouton.

Doublure **Tissu**

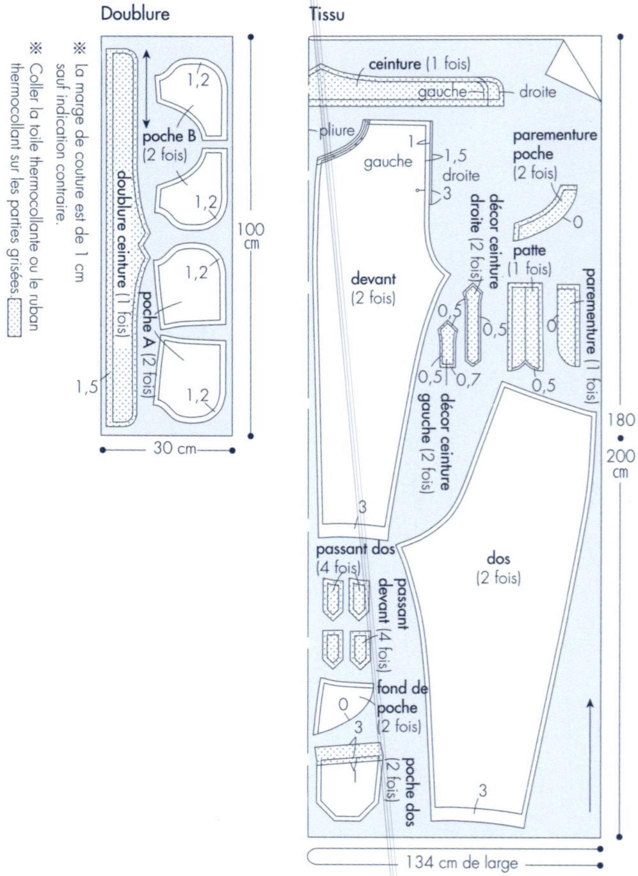

02 Confectionner les poches de côté.

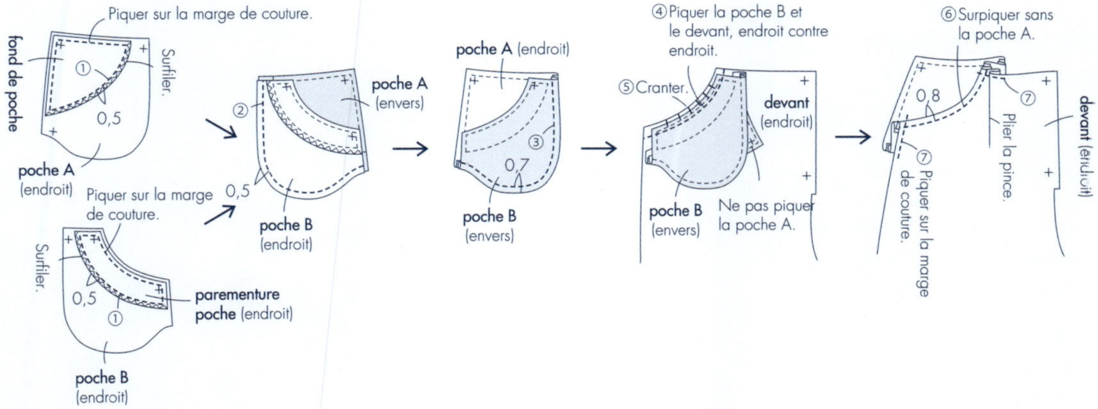

08 Confectionner 4 passants.

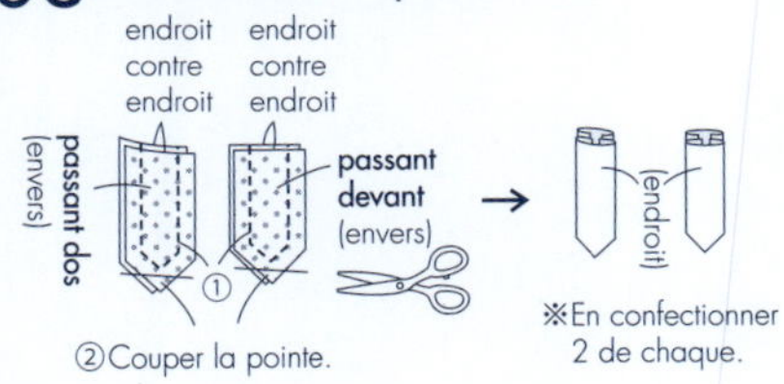

09 Piquer la ceinture.

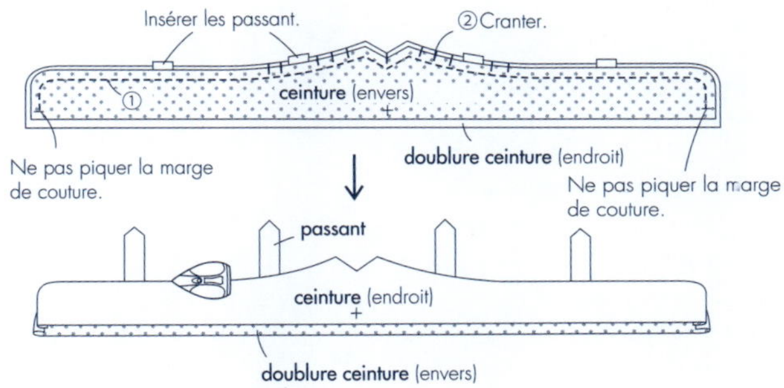

10 Coudre la ceinture au pantalon.

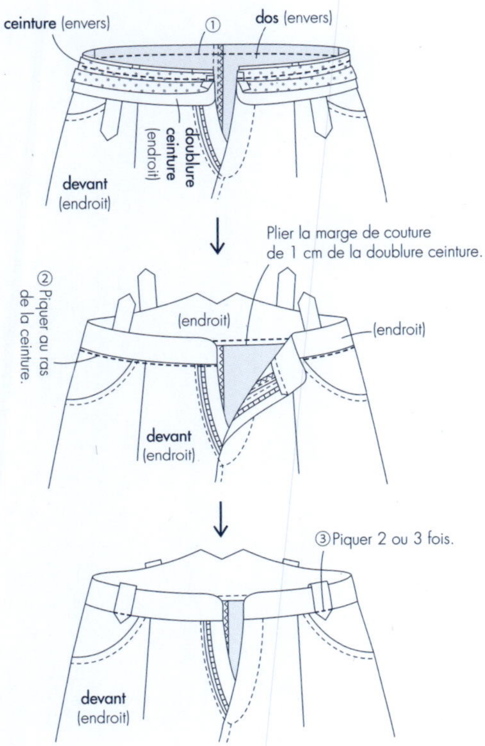

12 Confectionner le décor de la ceinture.

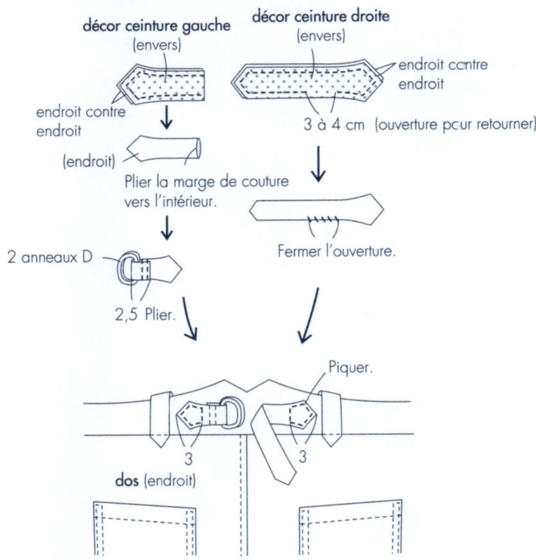

Nº14 Nº19

Short évasé

Photos : pages 19 et 29

Patrons : Encart face D, n° 19

devant, dos, ceinture, doublure ceinture, fond de poche, poche A, poche B, parementure, patte, passant, ruban

Fournitures

Tissu (velours côtelé) :
134 x 110 cm (S, M), 134 x 120 cm (L, XL)
Doublure : 105 x 40 cm
Toile thermocollante : 90 x 110 cm
1 fermeture à glissière de 14,5 cm de long
2 boutons de 1,5 cm de diamètre

Réalisation ★Voir schéma.

01 Confectionner les poches côté.★
02 Coudre la parementure à la fente du devant gauche.★
03 Coudre les côtés. Ouvrir la couture. Piquer l'ouverture de poche.★
04 Piquer l'entrejambe et ouvrir la couture.
05 Piquer le haut de l'entrejambe.
06 Fixer la fermeture à glissière.★
07 Confectionner 4 passants.→Voir page 69.
08 Piquer la ceinture en insérant les passants. →Voir page 69.
09 Coudre la ceinture au pantalon. Fixer les passants au pantalon.→Voir page 69.
10 Plier le bas en 2 et ourler.
11 Réaliser le ruban. Assembler les 2 pièces de ruban. Plier le ruban en 2, endroit contre endroit. Piquer en laissant une ouverture pour retourner puis retourner sur l'endroit. Fermer l'ouverture.
12 Confectionner les boutonnières et coudre les boutons.

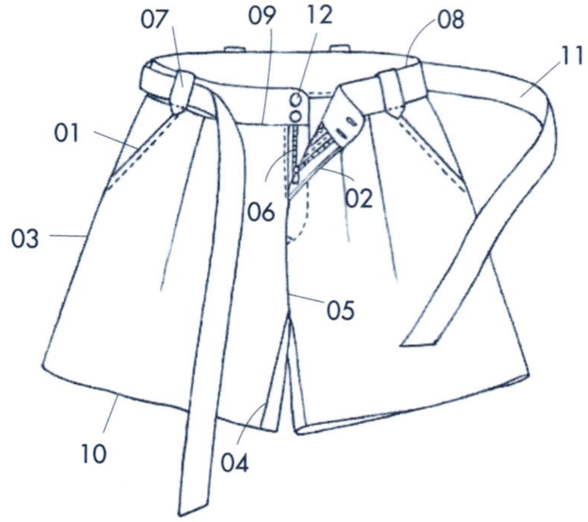

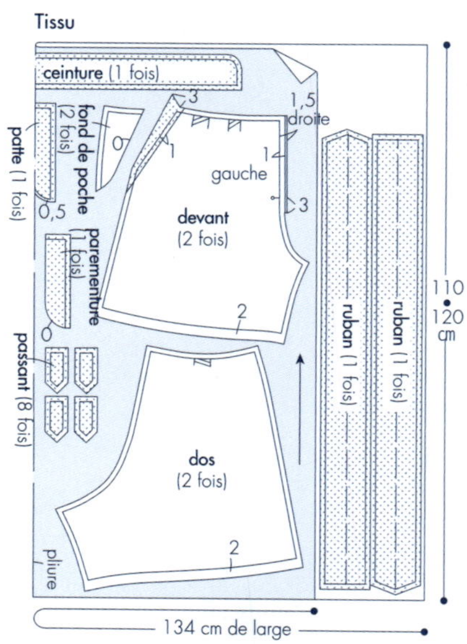

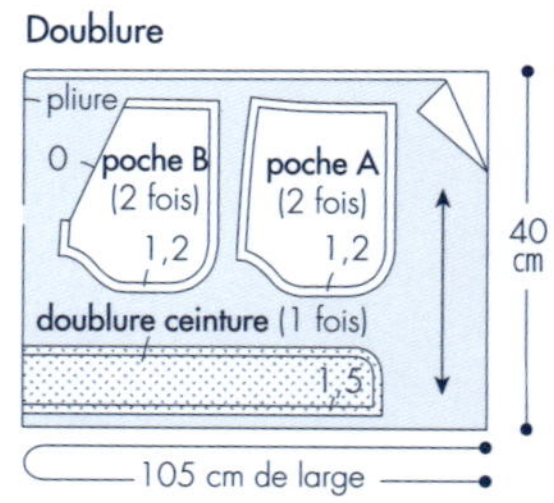

※ La marge de couture est de 1 cm sauf indication contraire.
※ Coller la toile thermocollante sur les parties grisées.

01 Confectionner les poches de côté.

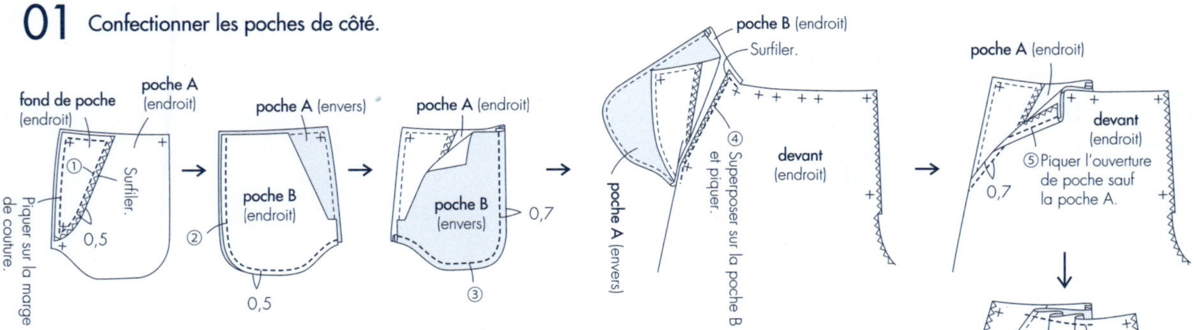

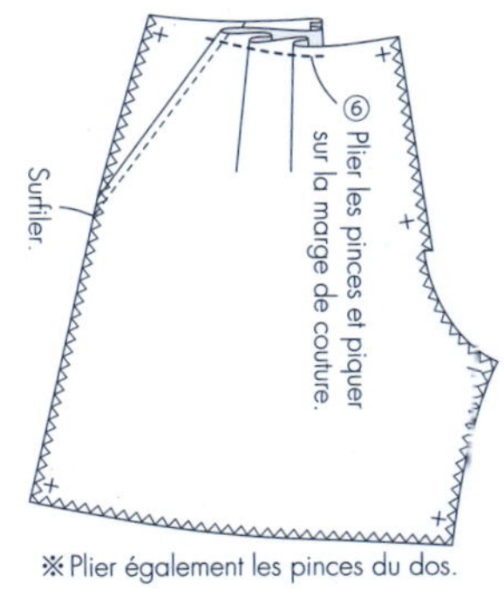

02 Coudre la parementure à la fente du devant gauche.

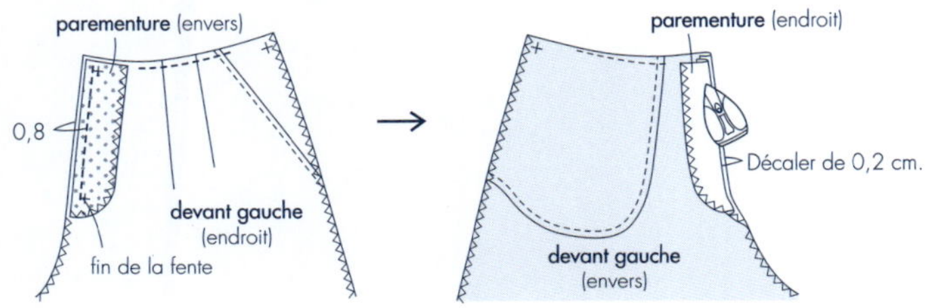

03 Coudre les côtés.

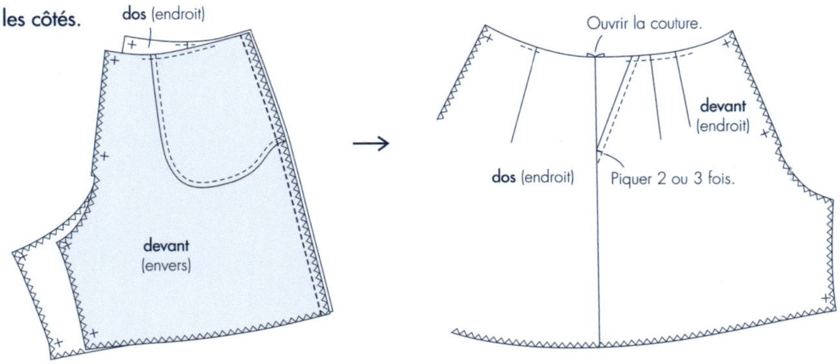

06 Fixer la fermeture à glissière.

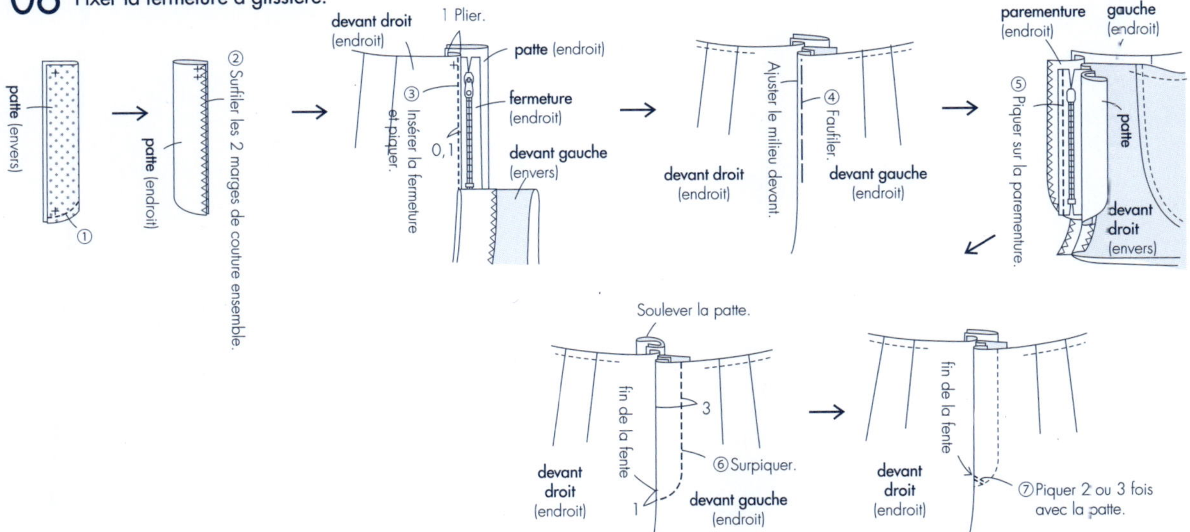

Nº15

Cardigan à basque

Photo : page 20

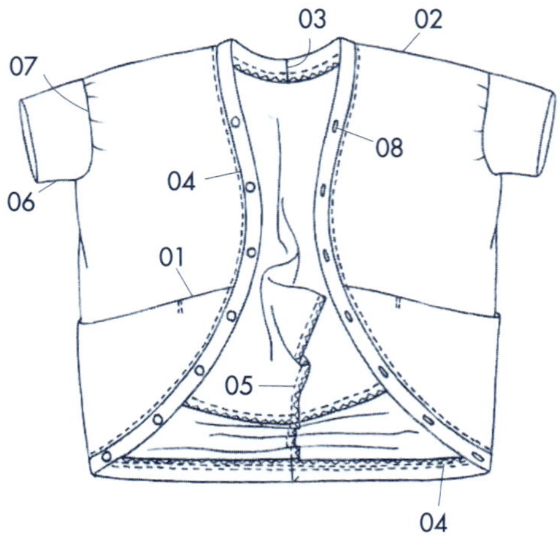

Patrons : Encart face A, n° 15

corps, empiècement bas, manche, bordure

Fournitures

Tissu (Interlock) :
160 x 160 cm (S, M), 160 x 180 cm (L, XL)
Toile thermocollante : 40 x 10 cm
Ruban thermocollant de 1 cm de large
7 boutons de 1,5 cm de diamètre

Réalisation ★Voir schéma.

01 Assembler le corps et l'empiècement bas. Surfiler les 2 marges de couture ensemble. Rabattre la couture et la poche vers le bas. Piquer les extrémités de l'ouverture de poche.★

02 Coudre les épaules. Surfiler les 2 marges de couture ensemble et les rabattre vers le dos. ★

03 Assembler la bordure. Ouvrir la couture.

04 Plier la bordure en 2, envers contre envers. La superposer au corps et piquer du milieu dos bas gauche jusqu'au milieu dos bas droit. Surfiler les 3 marges de couture ensemble et les rabattre vers le corps.★

05 Piquer le milieu dos du corps, de l'empiècement bas et de la bordure.★

06 Confectionner la manche. Coudre le dessous de la manche et ouvrir la couture. Plier la manche en 2, envers contre envers.★

07 Monter les manches au corps. Surfiler les 3 marges de couture ensemble.

08 Confectionner les boutonnières et coudre les boutons.

01 Assembler le corps et l'empiècement bas.

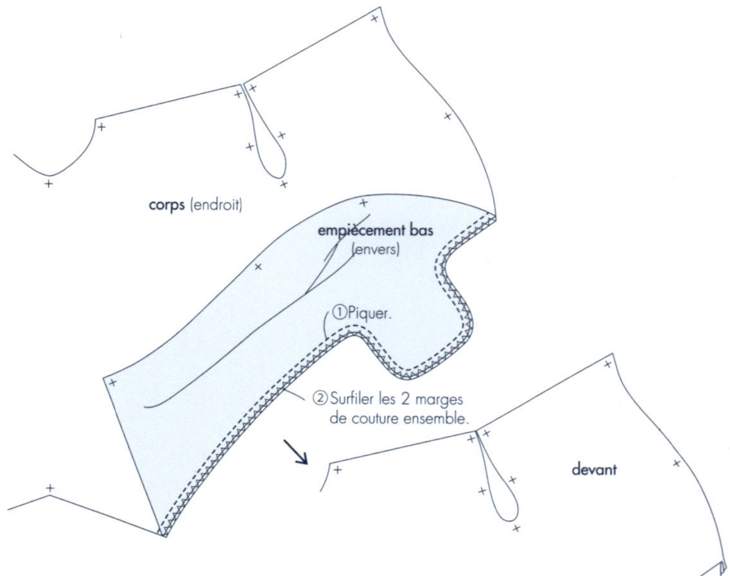

02 Coudre les épaules.

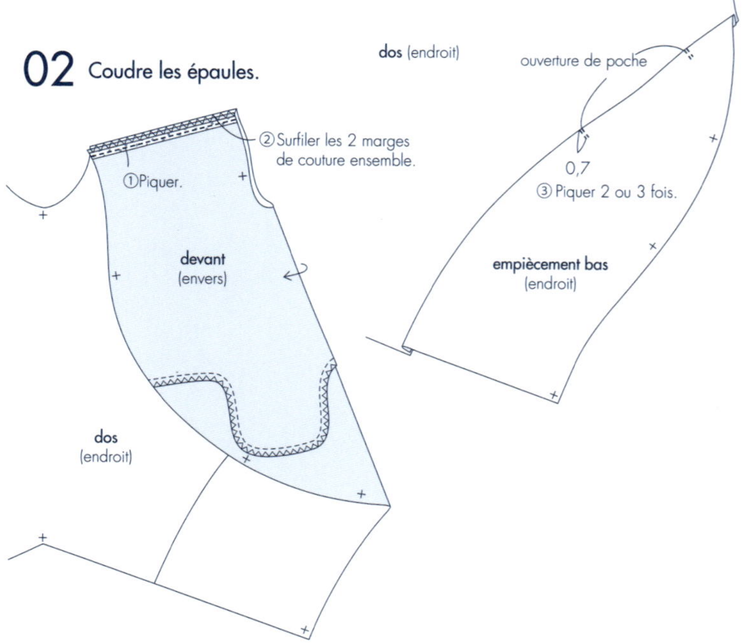

04 Coudre la bordure.

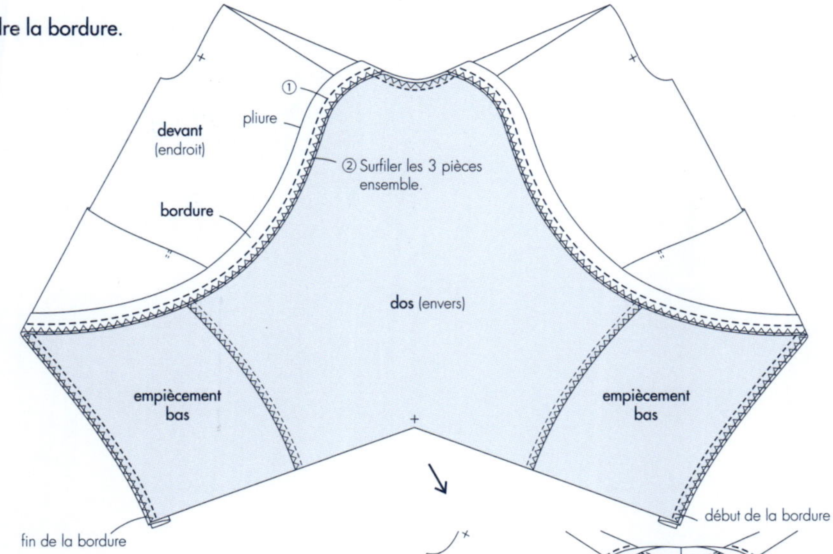

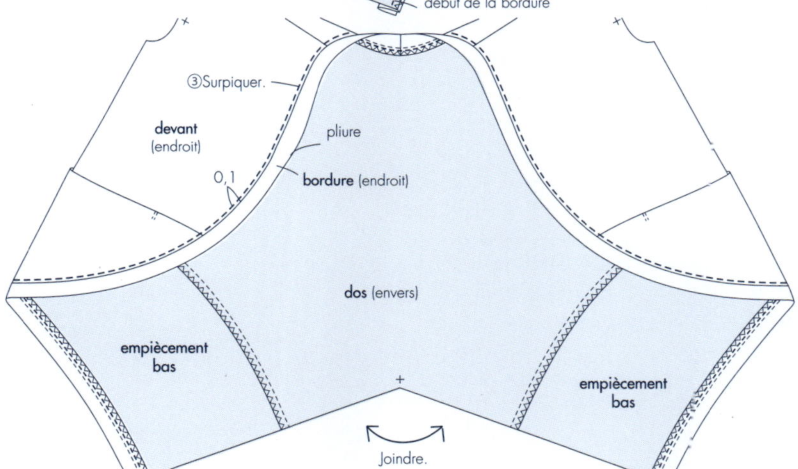

05 Piquer le milieu dos.

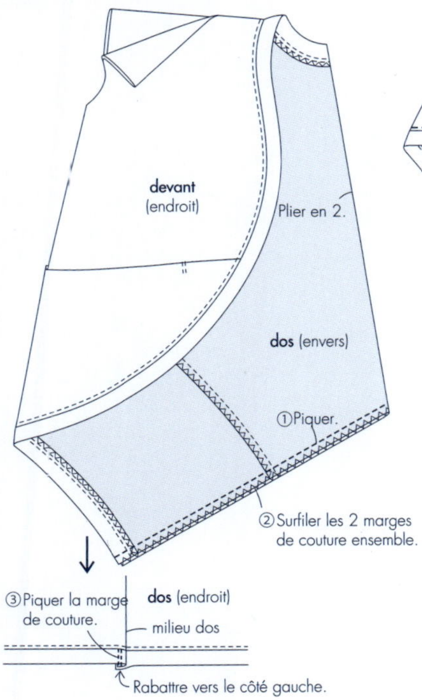

06 Confectionner la manche.

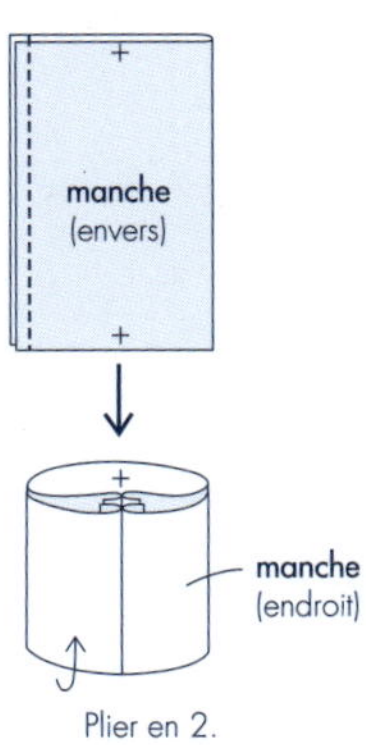

Dans le tissu, prélever une bande de 20 x 160 cm

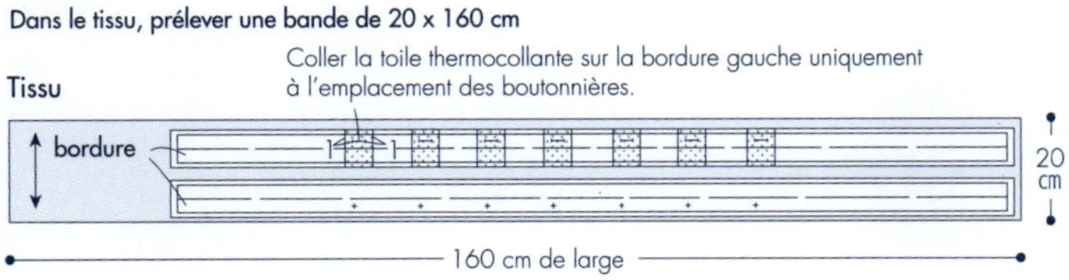

Tissu

※ La marge de couture est de 1 cm.
※ Coller la toile thermocollante ou le ruban thermocollant sur les parties grisées.

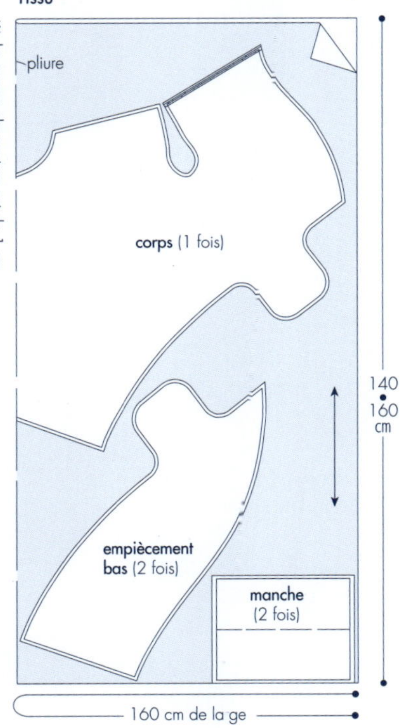

Nº17

Chemisier froncé

Photo : page 26

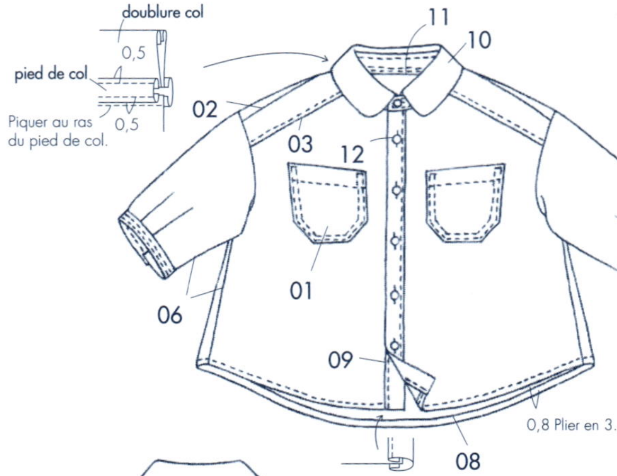

Patrons : Encart face D, n° 17

Devant, dos, empiècement devant, empiècement dos, patte, poche, col, doublure col, pied de col, manche, bord manche, biais fente

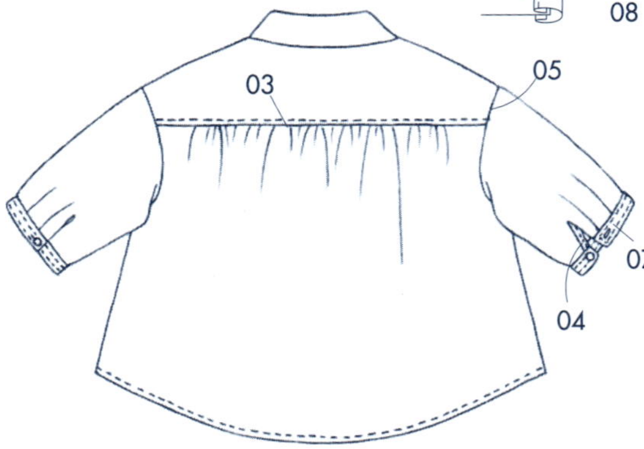

Fournitures

Tissu (batiste de coton) :
110 x 180 cm (S, M), 110 x 200 cm (L, XL)
Toile thermocollante : 90 x 60 cm
8 boutons de 1,1 cm de diamètre

Réalisation ★Voir schéma.

01 Confectionner les poches et les coudre au devant.★
02 Assembler les empiècements. Ouvrir la couture.
03 Froncer le dos. Coudre l'empiècement au corps.★
04 Réaliser la fente du bord de la manche. Plier les pinces.★
05 Coudre la manche au corps. Surfiler les 2 marges de couture ensemble. Les rabattre vers la manche.★
06 Piquer le dessous de la manche et continuer à piquer le côté. Surfiler les marge de couture et les rabattre vers le dos.★
07 Coudre le bord de la manche.
08 Plier le bas en 3 et piquer.
09 Coudre la patte au devant.→Voir page 76.
10 Confectionner le col.→Voir page 77
11 Assembler le col au corps.→Voir page 77.
12 Confectionner les boutonnières au pied de col, à la patte devant et au bord de la manche. Coudre les boutons.

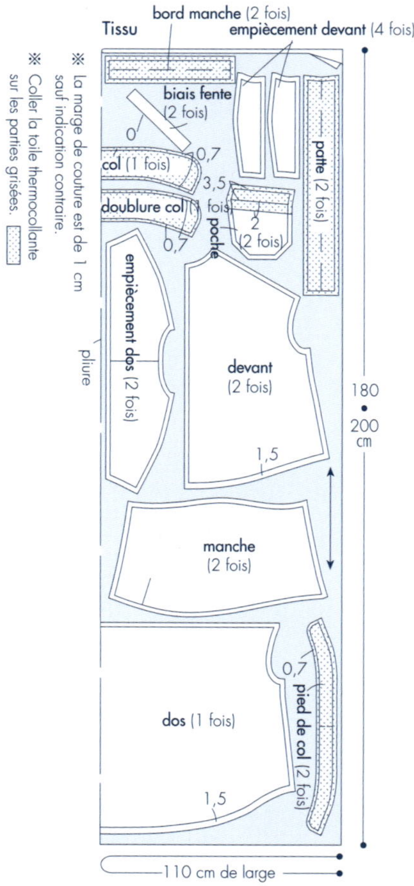

01 Confectionner les poches.

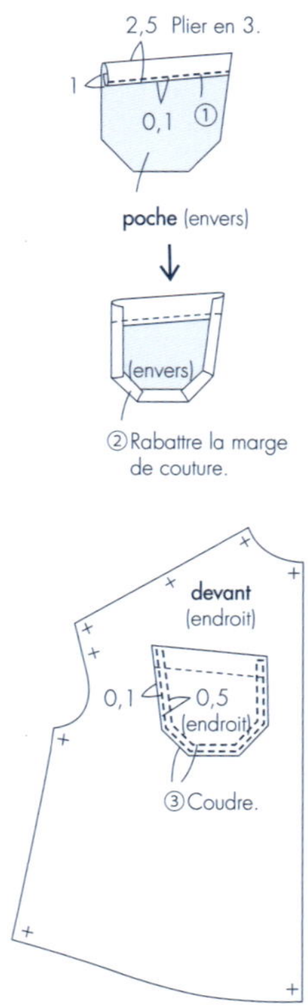

03 Coudre l'empiècement au corps.

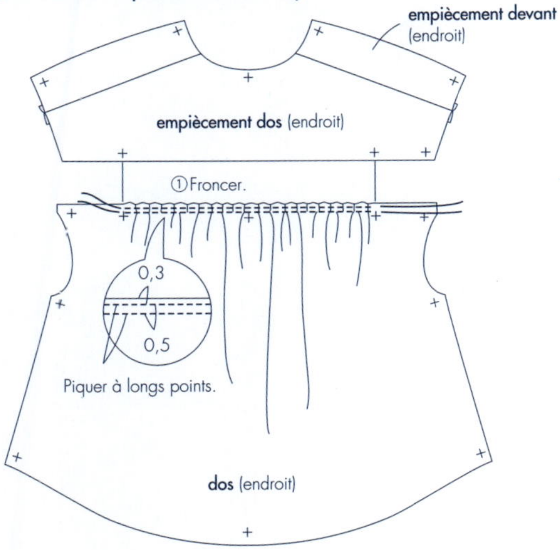

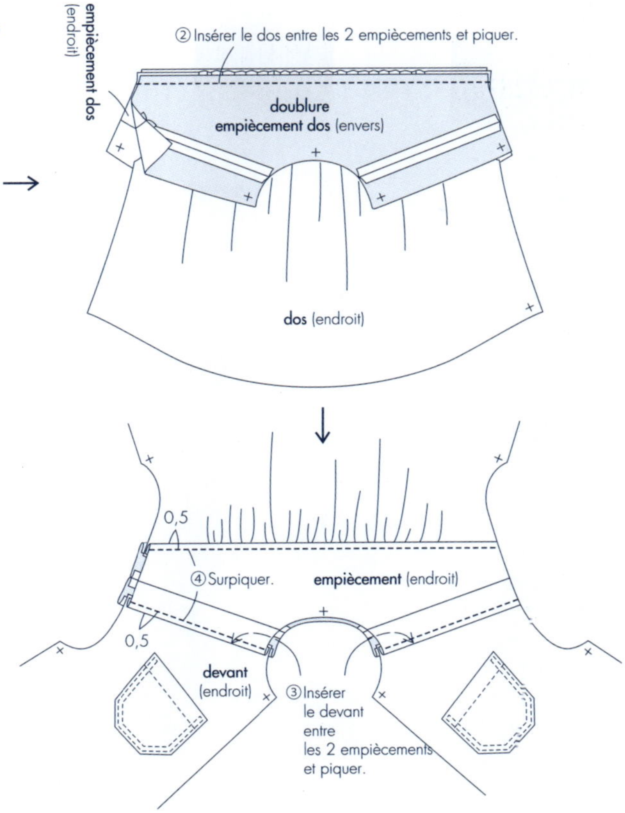

04 Réaliser la fente du bord de la manche. Plier les pinces.

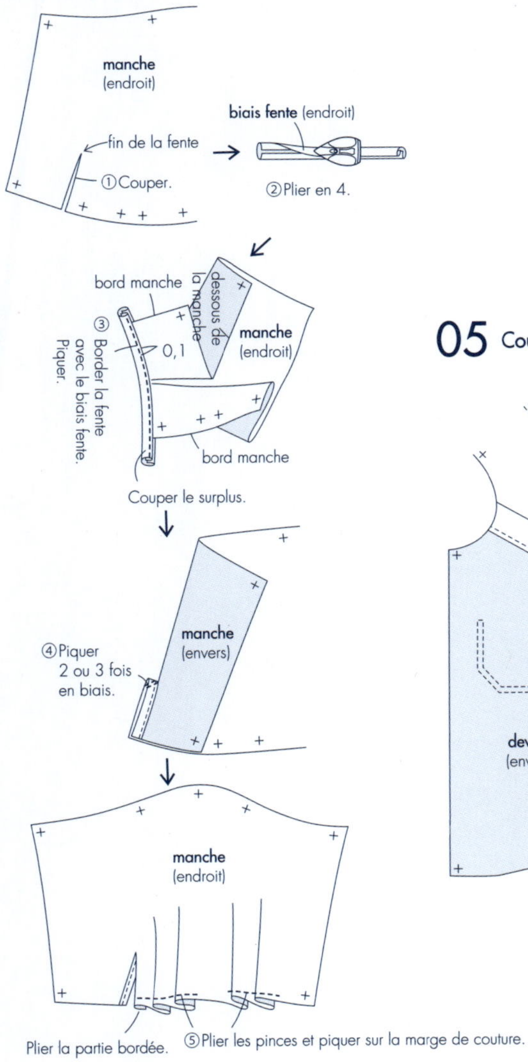

05 Coudre la manche au corps.

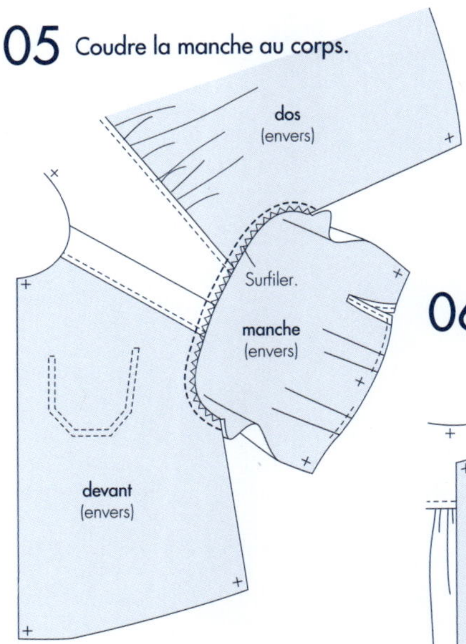

06 Piquer le dessous de la manche et continuer à piquer le côté.

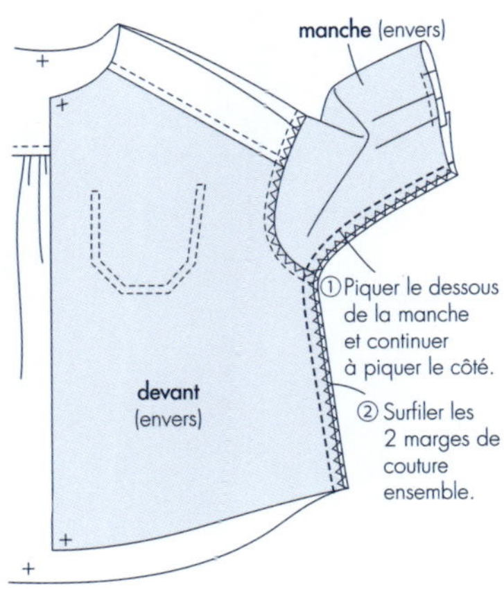

Nº18

Chemisier à pois

Photo : page 28

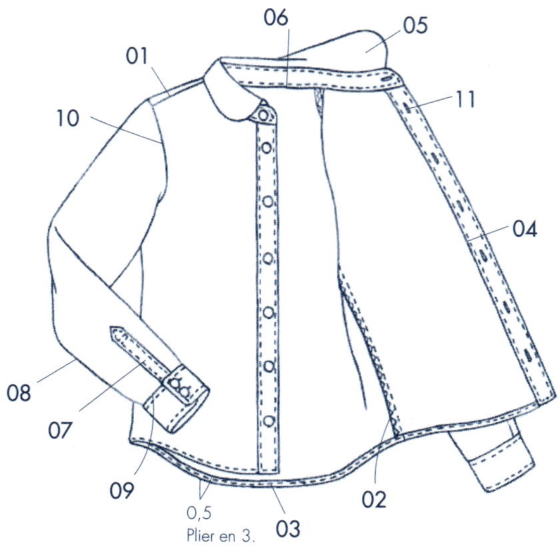

Patrons : Encart face D, n° 18

devant, dos, patte devant, col, doublure col, pied de col, manche, poignet, patte manche, patte poignet

Fournitures

Tissu (double gaze) :
106 x 170 cm (S, M), 106 x 190 cm (L, XL)
Toile thermocollante : 90 x 60 cm
11 boutons de 1,5 cm de diamètre
※Ce modèle est confectionné avec 2 tissus à pois de coloris différents.

Réalisation ★Voir schéma.

01 Coudre les épaules. Surfiler les 2 marges de couture ensemble. Les rabattre vers le dos.
02 Coudre les côtés. Surfiler les 2 marges de couture ensemble et les rabattre vers le dos.
03 Plier le bas en 3 et piquer.
04 Piquer la patte devant au devant.★
05 Confectionner le col.★
06 Coudre le col au corps.★
07 Réaliser la fente au bord de la manche.★
08 Piquer le dessous de la manche. Surfiler les 2 marges de couture ensemble et les rabattre vers le dos.
09 Coudre les poignets.
10 Monter les manches. Surfiler les 2 marges de couture ensemble et les rabattre vers le corps.
11 Réaliser les boutonnières au pied de col, à la patte et au poignet. Coudre les boutons.

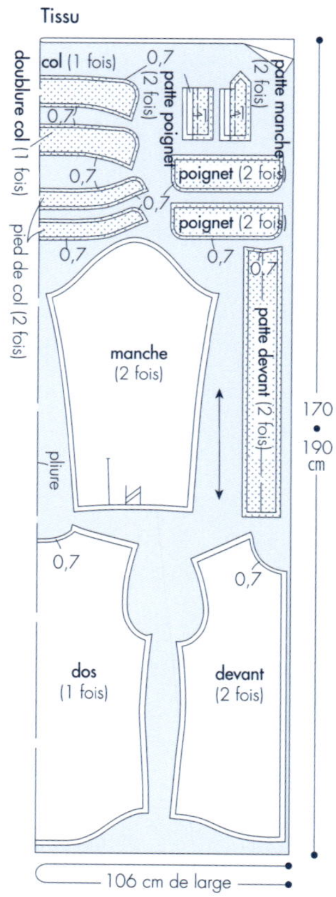

※ La marge de couture est de 1 cm sauf indication contraire.

※ Coller la toile thermocollante sur les parties grisées.

04 Piquer la patte devant au devant.

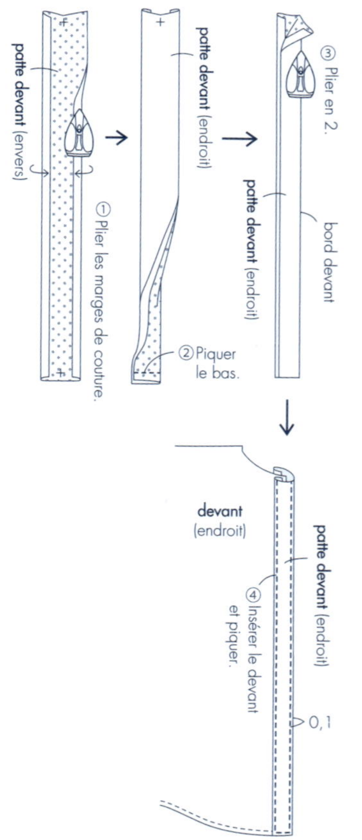

05 Confectionner le col.

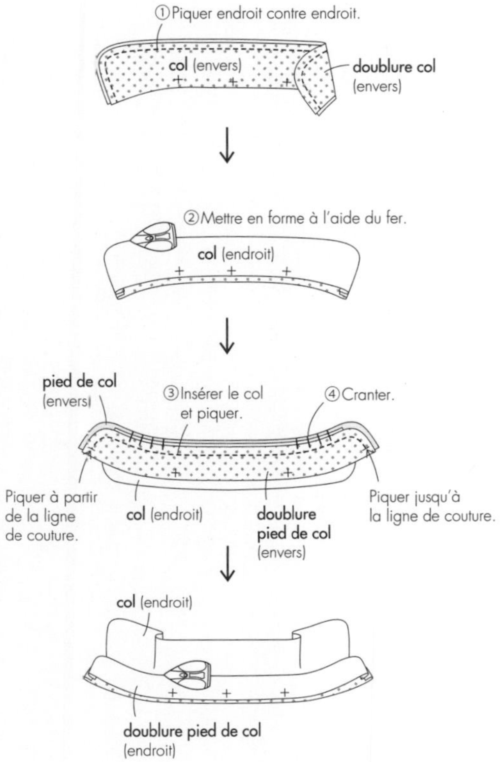

06 Coudre le col au corps.

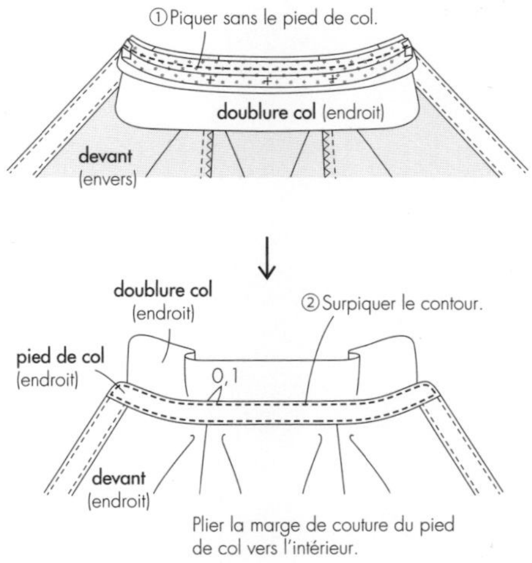

07 Réaliser la fente au bord de la manche.

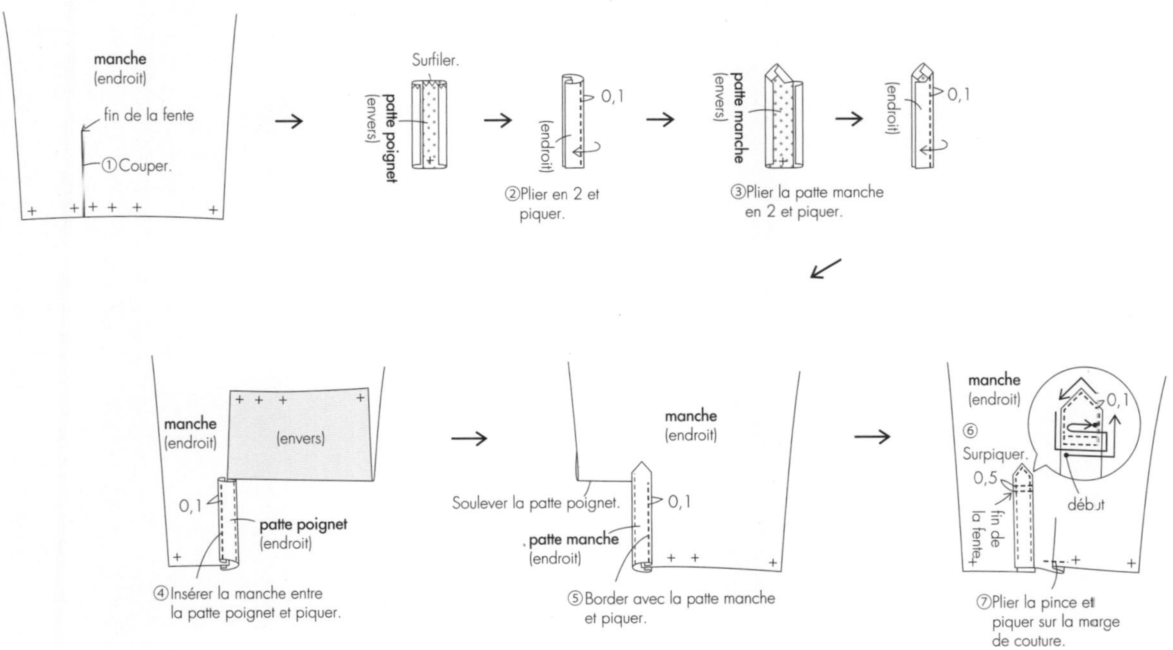

Nº20

Echarpe-ceinture tricotée

Photo : page 30

Photo : page 30

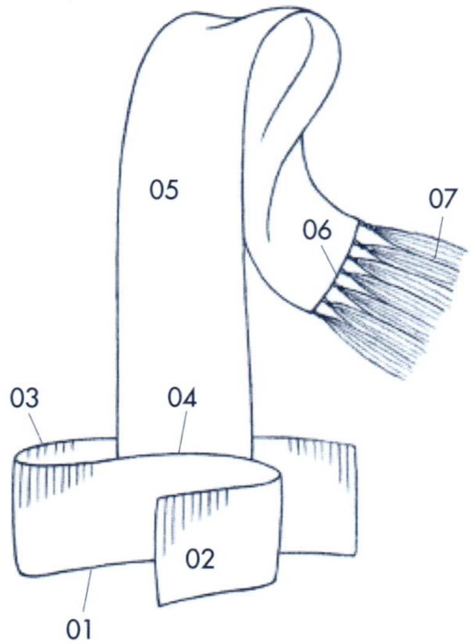

Fournitures

380 g de fil moyen

Matériel

2 aiguilles à tricoter n° 3 et n° 4

Echantillon

20 m. x 30 rgs : 10 x 10 cm
(jersey, aiguilles n° 4)
25 m. x 36 rgs : 10 x 10 cm
(côtes 2/2, aiguilles n° 3)

Réalisation ★Voir schéma.

01 Monter 264 m. (105 cm) pour la ceinture.★
02 Tricoter 60 rgs (17 cm) au point de côtes 2/2.
03 Rabattre les m. ★
04 Reprendre 48 m. (24 cm) à 16 cm du bord.
05 Tricoter 600 rgs (200 cm) en jersey pour l'écharpe.
06 Rabattre les m.★
07 Fixer les franges à l'extrémité de l'écharpe.★

Point fantaisie

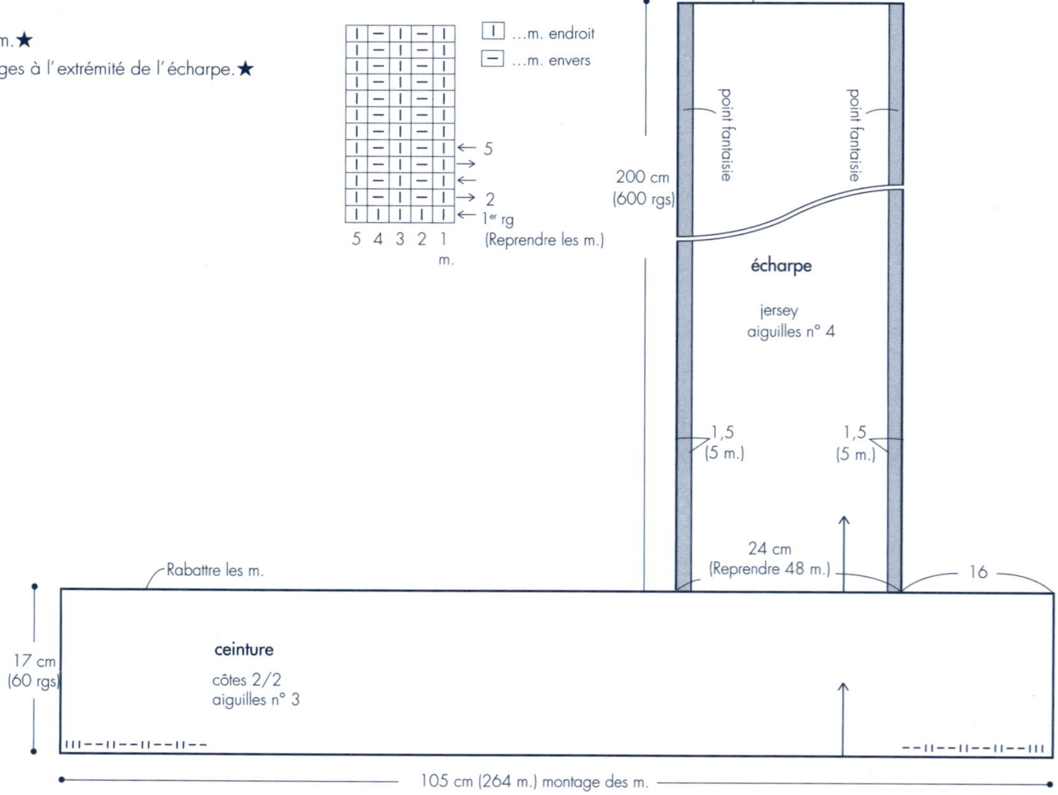

01 Monter les mailles pour la ceinture.

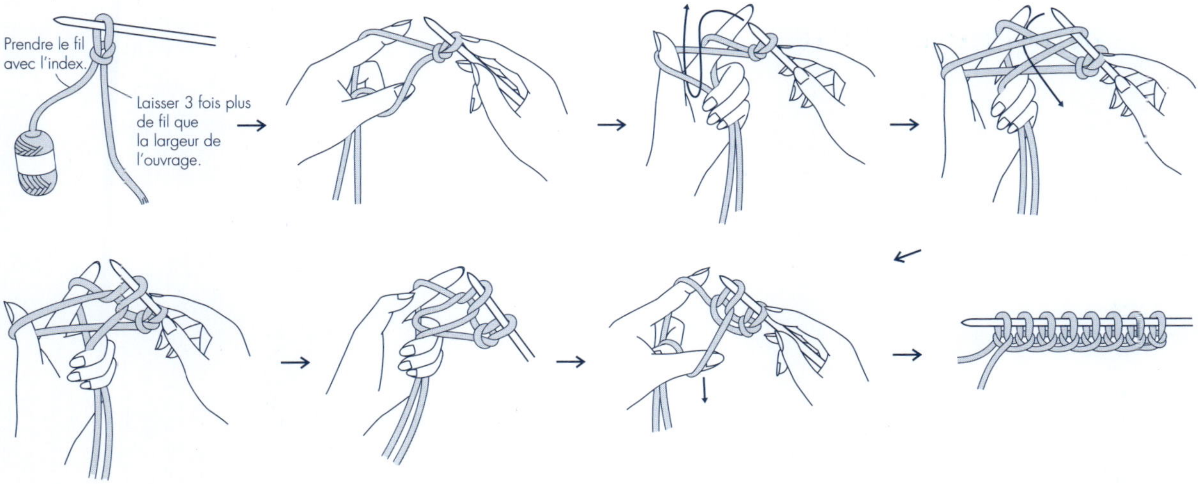

03,06 Rabattre les mailles.

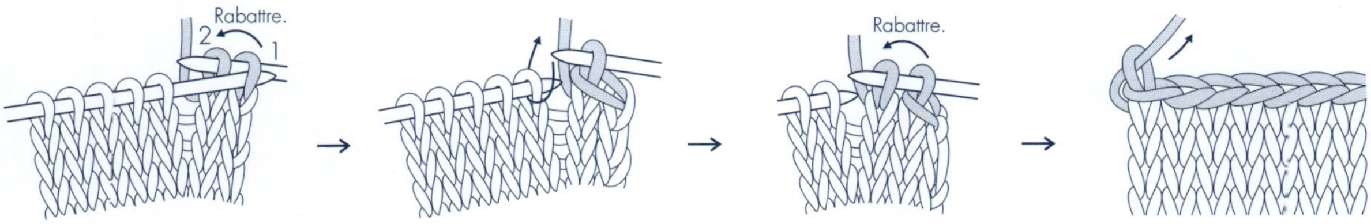

07 Fixer les franges à l'extrémité de l'écharpe.

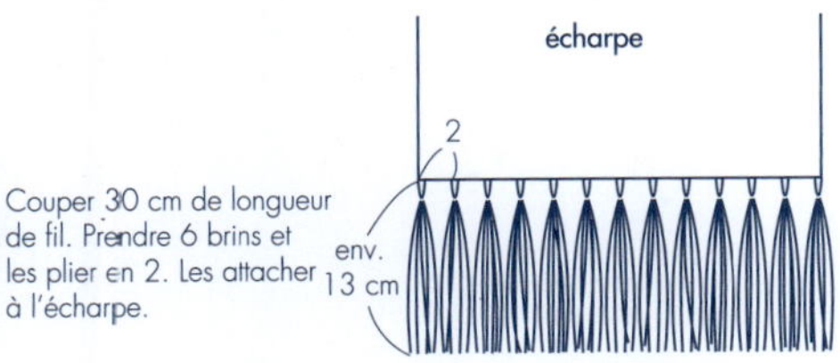

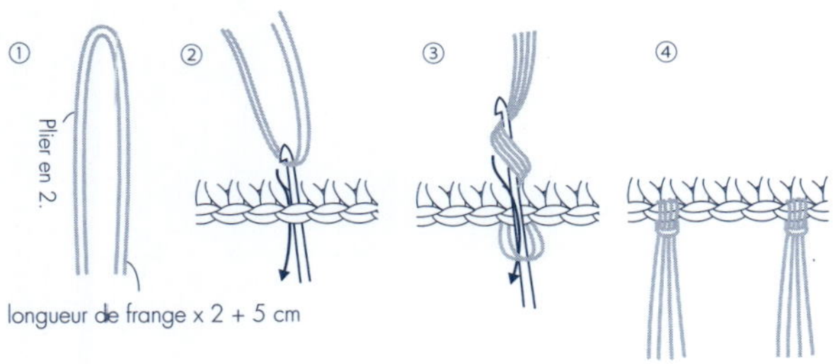

| ...maille endroit

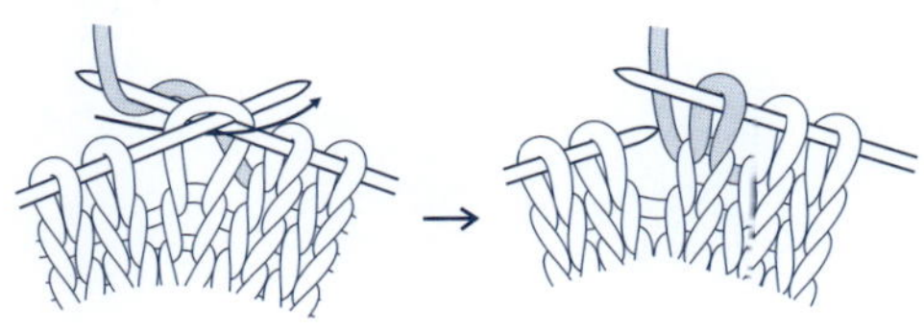

— ...maille envers

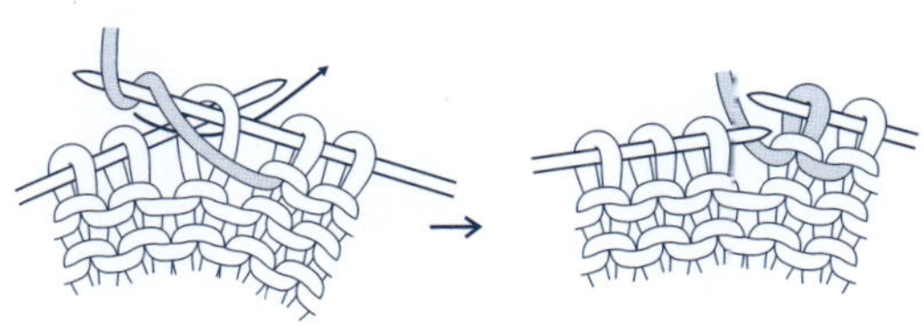

Auteur

Yuko Takada

Diplomée de l'école de couture Bunka. Elle a gagné un premier prix japonais au concours international des jeunes créateurs de mode. Après avoir travaillé pour plusieurs marques de maison de couture, elle est partie en Angleterre. Elle a participé à de nombreux défilés de mode.
Après son retour au Japon en 2006, elle a créé sa propre marque « TAGE ».
http://tage.jp/

Equipe

Editeur original	Sunao Onuma
Mise en page	Masami Tate
Photographe	Masataka Nishi
	Takeshi Fujimoto (p.33 à 39)
Styliste	Tamao Iida
Coiffure & Maquillage	Jiro for kiliko
Mannequin	Nicole
Schéma	Toshio Usui
Schéma de l'encart	Kazuhiro Ueno
Collaboration couture	D.A.H.D
Correction	Masako Mukai
Explication	Naoko Domeki
Rédaction	Nobuko Hirayama
	(BUNKA PUBLISHING BUREAU)
Traduction	Mari Kobatake-Ginet

les éditions de saxe
13, rue Jules Verne
CS 40205 - 69630 Chaponost
www.edisaxe.com

Féminin Masculin

KIBUN WA MANISH by Yuko Takada

Publié pour la première fois au Japon par EDUCATIONAL FOUNDATION BUNKA GAKUEN BUNKA PUBLISHING BUREAU.
Edition française en accord avec EDUCATIONAL FOUNDATION BUNKA GAKUEN BUNKA PUBLISHING BUREAU, Tokyo
Par l'intermédiaire de Tuttle-Mori Agency, Inc., Tokyo

Achèvement du tirage : septembre 2011
Dépôt légal : octobre 2011
ISSN : 2114-6896 / ISBN : 978-2-7565-0737-8
Imprimé en Chine